인생의 빛

사랑에는 일반적 기준이 없다.

최서윤

박영story

인생의 빛

사랑에는 일반적 기준이 없다.

한국을 떠나며

서른아홉에 떠난 세계여행, 그리고 새 삶

서른아홉에 박사학위를 마치고 또 한 권의 책을 쓰고 나서 나는 몸도 마음도 건강하지 않았다. 박사과정을 시작했던 서른 이후 학교공부와 대안학교 일, 그리고 아르바이트까지 겸하느라, 늘 시간에 쫓기다 보니 마음의 여유가 없었다. 건강에도 잘 신경을 못 썼는데 급기야 박사과정이 끝난 후에는 몸과 마음이 정상적으로 작동하지 않는 일이 자주 생겨나기도 했다. 툭하면 장이 꼬이고 열도 많이 나고, 숟가락을 손에 쥔 채 숟가락을 달라고 하거나 오른쪽 왼쪽이 헷갈려 운전 중에 비상등을 켜고 멈춰 섰던 날도 많았다.

해야 한다고 생각하는 한 가지를 이루느라 정작 행복한 삶의 다른 요소들을 다 잃은 상태였다고 할까. 그런 상태에서 나는 성취감보다는 어떤 걷잡을 수 없는 공허함과 회의감에 더 크게 빠져들었다. 공부 열심히 해서 아이들이 행복해지는 세상을 만드는 데 기여하겠다는 꿈을 안고 노력해 왔는데 당시의 그 순간에는 정작 나 자신이 행복하지 않았고 그로 인해 모든 것이 멈췄다. 아픈 몸과 멀어진 인간관계들, 말라붙은 영혼과 맞바꾼 그 자리에서 앞으로 내가 꾸어야 할 새로운 꿈은 무엇일까? 좋은 기운

인생의 빛

을 주는 선생님으로 아이들과 마주할 수 있을까? 하는 스스로의 질문에 나는 답할 자신이 없었다.

그래서 나는 고갈된 자신을 다시 채울 수 있는 다른 삶을 꿈꾸었다. 무엇보다 다른 나라, 다른 문화권, 다른 인종들의 삶이 궁금해졌다. 인류가 다 한국 사람들처럼, 나처럼 살지 않을 텐데, 다른 차원의 사람들과 삶이 보고 싶어졌다. 다른 사람들은 무엇을 위해, 어떻게 사는지, 행복한지 진짜 살아있는 공부가 하고 싶어졌다.

그렇게 해서 나는 서른아홉 이르지 않은 나이에 홀로 세계여행을 떠나게 되었다. 얼마 되지 않던 살림살이를 지인들에게 모두 나누어 주고 아무런 아쉬움도 없이, 정상작동하지 않는 몸과 마음 그대로 가방 몇 개 챙겨서 정해지지 않은 새 길을 나섰다.

박사학위를 마치고 이제 막 시작인데, 그동안 공부한 게 아깝지도 않냐고 하는 사람도 있었고 늦은 나이에 귀국한 후 다시 자리 잡기 힘들 텐데, 너무 무모한 게 아니냐고 하는 사람도 있었다. 그나마 좋게 봐주는 지인들이 대책 없는 자유영혼이라며 포기한 듯한 격려를 해 줄 뿐이었다. 그들의 이야기도 일리가 있었지만, 당시에 내게 가장 확실했던 것은, 대책 없는 삶을 대책 없이 버티며 사는 것이야말로 가장 아깝고 무모하다는 생각이었다.

나는 삼년 여 가까이 유럽과 동남아 여러 국가들과 캐나다를 돌아다녔다. 너무 감사하게도, 원했던 대로 다른 차원의 사람들과 사회, 자연을 만났다. 그들 덕에 어렸던 정신세계도 한 단계 성장할 수 있었고 몸도 회복되었다. 특히, 가장 감사한 것은 마음의 힘이 커졌다는 것이다. 일상생활도 대학교 선생님으로서의 삶도 이제는 한결같이 즐거워졌다. 전과 달리, 있는 그대로 행복할 수 있는 사람이 되었다고 할까. 저절로 된 것이 아니다. 기적처럼 많은 경험과 새로운 사람들이 나를 찾아와 더 높은 배움과 깨달음을 주었기 때문이다.

그 지난 삼년의 기억을 떠올릴 때마다 나는 지금도 여전히 새 힘이 나고 또 행복해진다. 그 많은 일들의 의미 또한 더욱 분명해졌다. 그래서 나를 성장시킨 그 고마운 이야기들을 이제는 나누고 싶어졌다. 특히, 내 사랑하는 조카, 민우와 소중한 대학의 제자들 그리고 지인들에게도 행복한 미소를 짓게 하는 이야기책이 되면 좋겠다.

GERMANY

독일

공허할수록 낯선 우연을 즐겨라 - 프랑크푸르트 공항 내 매점에서

한국을 떠나 처음으로 프랑크프루트에 도착했다. 몸만 한국을 빠져나왔을 뿐, 피곤하고 멍한 정신에는 전혀 변화가 없었다. 무엇을 해야 할지, 어디로 왜 가야 하는지, 언제 어떻게 해야 하는지를 생각하던 습관이 멈췄을 뿐, 전혀 신이 나지 않았다. 그저 하던 일을 멈춘 것만으로도 안식이라는 느낌이 들 뿐이었다.

커피 한 잔으로 여유를 즐기고 싶은 마음에 공항 내의 매점을 찾았다. 매점에는 거의 완벽하게 동그란 두상을 한 민머리의 아랍계 청년이 일하고 있었다. 나는 소심하게 "one cappuccino, pleas(카푸치노 한 잔이요)"라고 주문하고 진열대의 빵을 구경하는 척 그에게서 시선을 돌렸다. 한국에서야 주문만 끝나면 점원과 더 이상 별다른 대화를 나누지 않는 게 일반적이기 때문에 그렇게 살아왔던 내게 당연한 행동이었다. 그런데 좀 이상한 기분이 들어 쳐다보니 점원이 아직 커피를 준비하러 가지 않았다. 내 앞에 가만히 서서 친절한 눈빛으로 나를 바라보고 있었다.

인생의 빛

_"여행 중이세요? 아름다우시네요. 카푸치노 한잔이요.~"

하며 상큼한 미소와 윙크를 보내주었다. 그리고는 순간 당황해서 아무 답도 하지 못하던 나를 보고는 한 번 더 환하게 웃어 보이더니 커피기계 쪽으로 휙 하니 가버렸다. 한국에서 한 번도 겪어보지 못한 믿기지 않는 상황이었다. 당황한 나머지 나는 그가 멀리 가버린 후에야 들릴 듯 말 듯한 목소리로 혼자 중얼거렸다.

_"네? 나, 나, 나? … 저요?"

그가 들었을 리 없었다. 나는 그저 혼자 무안해서 어쩔 줄 모르는 얼굴로 그를 기다리는 동안 생각했다. '뭘까?, 내가 정말 예쁘단 말인가?, 저 청년이 내게 반한 건가?, 아냐, 그럴 리가. 저 청년, 아무에게나 그러는 바람둥인가? 아냐, 그렇게 보기엔, 너무 해맑고 진심이 느껴졌어, 아, 왜? 나한테 대체 왜?" 지금 같으면, '아, 고마워요. 그쪽도 멋있으세요.' 하며 즐겁고 자연스럽게 대처했겠지만, 그때는 어쩔 줄을 몰랐다. 아마 그 청년도 자신의 그런 행동에 나처럼 어정쩡하고 당황해 했던 손님은 자주 보지 못 했을 것이다.

나는 그 아랍계 청년을 만나기 전까지 대부분의 사람들이 계산과 사심 없이, 사람이 사람을 환영하는 말, 기분이 좋아지게 하는 인사를 나누는 것은 아는 사람과 믿을 수 있는 사람들 사이에서만 혹은, 그러고 싶지 않더라도 그래야 할 필요가 있는 사이에서만 하는 일이라고 생각했었다. 그런 생각이 언제부터, 무엇에 의해 당연하게 마음속에 자리 잡게 되었던 것일까? 왜 누구에게나 친절한 것이 당황스럽고 믿을 수 없는 일이 되었던 것일까?

나는 그 날, 외국사람과 기분 좋게 인사도 할 줄 모르는 그 상황의 나 자신에 대해 회의가 들었다. 자기연민과 자존심에만 빠져 있었지 나는 그 청년처럼, 낯선 사람을 같은 인류로서, 마음이 이는 대로, 순수하게 반길 줄 아는 능력 같은 것은 전혀 없는 사람이었다. 학교에서 배운 적도 없었다. 한국에서나 박사랍시고 똑똑하겠다는 소리를 들었지 한국 밖에서는 인사하기부터 다시 배워야 하는 글로벌 유치원생이나 다름없었다. 그런데 그 부끄러운 자기발견이 왜 그렇게 시원하고 즐거웠는지 모르겠다. 그 날 나를 친절하게 반겨준 그 청년은 한국 안에서만 굳어져 왔던 내 정신세계에 처음으로 묘한 균열을 가한 것이 분명했다. 덕분에 그곳까지 끌고 갔던, 한국에서의 지난 과거와 복잡한 생각들이 새털처럼 가볍게 느껴졌다. 프랑크푸르트 시내로 오는 기차 안에서 외국생활에 대한 불안감이나 앞날에 대한 기대와 같은 어떤 감정보다, 못난 나 자신을 발견한 쾌감이 나를 너무 신나게 사로잡았다. 어쩌면, 과거를 더 들추어 보지 않고 날려 보낸 채, 정처없는 우연과 만남을 즐기는 데 충실하는 것이 잃어버렸던 인생의 길을 찾는 데 더 도움이 될 수 있을 것 같다는 생각이 들었다.

그리고 누가 예쁘다고 하면 고맙게 듣고 믿기로 다짐했다.

"May I help you?", 그 아름다운 전기(電氣) – 프랑크푸르트 지하철역에서

나는 숙소로 프랑크푸르트 중앙역 근처에 있는 한인민박집을 예약해 두고 공항에서 그곳까지 지하철로 이동했다. 커피숍 아랍청년과의 경험은 좋았는데, 막상 공항을 빠져나오려니 대책 없이 너무 많이 싼 짐들이 나를 우울하게 했다. 공항에서는 짐수레도 있고 지하철 계단도 내리막이라 짐 옮기기가 그래도 수월했는데, 문제는 지하철에서 내린 다음이었다. 큰 가방과 보조가방 두 개, 터질 것 같은 배낭을 한꺼번에 들고 계단을 올라야 했는데 엄두가 나지 않았다. 대부분 짐이라는 게 풀기 시작하면 하나하나 다 필요하고 잘 가져왔다며 뿌듯해 하기 마련이지만 그래도 그 상황에서는 나만 바라보고 있는 그 가방들과 나 자신이 그렇게 미련해 보일 수가 없었다.

그래도 나는 하나씩 여러 번 옮기면 된다고 마음을 다스렸다. '으자차' 코리안 기압소리로 힘을 북돋고 제일 큰 가방을 끌어 올리려는 순간, 무슨 일인지 내 앞에 순식간에 세 명의 독일남자들이 몰려들었다. 제일 먼저 달려 온 남자는 깔끔하게 양복을 차려입은 중년의 신사였고 그 뒤의 두 명은 청바지 차림의 청년들이었다. 두 청년들은 양복입은 아저씨가 자신들보다 먼저 내게 다가오자 훈훈한 미소와 윙크를 보내고는 계단을 올랐다. 처음 겪는 상황에 어리둥절해 하고 있는데 양복 입은 아저씨가 내게 말을 걸었다. 아주 따뜻하고 친절한 목소리였다.

_"May I help you?"

　　어렸을 때부터 학교에서 귀에 못이 박히도록 시험대비용으로 외웠던 그 문장, '도와 드릴까요?' 그 간단하고 익숙한 문장이 그 순간 인생에서 처음 듣는 말처럼 느껴졌다. 그 상황에서 그 아저씨의 육성을 타고 들려온 말은 학교 듣기평가에서 늘 들었던 녹음기 속 외국인의 말소리와는 전혀 다른 느낌이었다. 거기에는 선한 마음이 묻어나는 따뜻한 분위기와 자기를 믿어도 좋다는, 다정하고 믿음이 가는 눈빛, 내 힘든 심정을 동감하는 인류애 같은 것은 들어 있지 않았다. 그저 전산처리 되는 시험용지에 표시 한 번 하는 것 외엔 아무 의미가 없는 것이었다. 그러나 그 날 나는 그 말이 사람 사이를 흐르면서 마음을 녹이는 어떤 아름다운 전기(電氣) 같은 것이라는 걸 처음 느꼈다.
　　그뿐 아니라 아저씨의 두 번째 말은 내 인생의 가치관을 완전히 바꾸어 버렸다. 도와 달라고 바로 대답도 못 하고 벌건 얼굴로 당황해 하는 나를 보며 아저씨는 또 다정하게 말했다.

_"It's ok. I can help you."

아저씨 도움으로 그 히말라야만큼 높아보이던 지하철 계단을 힘 하나 안 들이고 올라왔다. 몇 번씩이나 정말 정말 고맙다고 인사하던 내게 아저씨는 'my pleasure' 한 마디를 경쾌하게 남기고 갔다. 오히려 자기가 기뻤다니, 물론 영어의 형식적인 인사법일 수도 있지만, 아저씨는 정말 기쁜 마음인 것 같았다.

그 아저씨 때문에 나는 그 날, 한 번도 보지 못 했던 내 진짜 모습을 또 보게 되었다. 누구에게도 폐 끼치지 않고 무엇이든 혼자 힘으로 해결하는 것이 바른 삶이라 믿으며 이런저런 능력을 갖추기 위해 혼자 아등바등 달려오기만 했던 내 청춘이 머릿속에서 영화처럼 지나갔다. 그 중에 그날처럼 사는 것이 수월하고 감사하게 느껴졌던 적이 얼마 되지 않았다. 나는 삼십대 내내 공부하고 아르바이트 하느라 가족과 친구들 만날 시간이 별로 없었다. 오래 못 보고 사는 세월이 길어질수록 서로를 알지 못 하게 되니 오해의 골도 깊어지고 섭섭함도 커져만 갔다. 그래도 해야 할 일들로 꽉 찬 삶에서 달리 벗어날 방법이 없으니 쌓여가는 상처와 외로움은 묻어둔 채 점점 더 무감하게 살았던 날들이 떠올랐다. 한국에서는 누구나 20~30대의 젊은 시기를 그렇게 혼자 버티며 살 수밖에 없으니 어쩔 수 없다고 받아들였던 것 같다.

그게 얼마나 어리석은 것이었는지 나는 그날에서야 깨달았다. 그렇게 살아서 외롭고 힘들었던 것이었는데, 그것도 모르고, 그런 청춘을 다 살고 난 후에라야 그 보상으로 외롭지 않게 될 수 있다고 착각하고 사회적 성공에만 자신을 혹사시켰던 것이다. 물론 그런 강박을 처음부터 나 혼자 스스로 만들어 냈던 것은 아닐 것이다. 경쟁적인 사회에서 안착하기 위해 혼자 갇혀진 삶을 달려가는 것보다, 뭔가를 많이 이루지 않아도 부족한 대로, 못난 대로 서로 의지하고 도우면서 순간순간 기쁨을 느끼면서 살아도 괜찮다고 좀 더 많은 사람들이 알려 주었더라면, 그게 진짜 행복이라고 가르쳐 주었다면 좋았을 텐데. 학교나 사회에서 그런 삶을 더 많이 보고 자랄 수 있었다면 내 30대의 끝이 그렇게 메마르지는 않았을 것 같다는 생각이 들었다.

인생의 빛

아마 그날, 그때까지 살았던 방식 그대로 혼자 짐을 다 옮겼다면, 또 한 번 혼자서 씩씩하게 문제를 잘 해결했을지는 몰라도 낯선 사람끼리 기쁘게 돕는 더 높은 차원의 행복한 삶은 알지 못 했을 것이다. 그 날 그 독일아저씨는 사람이 타고난 재능을 발휘하고 공부하고 일해야 하는 가장 궁극적인 목적이 다름 아닌 서로의 삶을 돕는 것이라는 것을 마음으로 알게 해 주었다. 사람은 서로 돕고 살 수밖에 없도록 태어났고, 그렇기 때문에 돕고 살아야 행복할 수 있다. 그래서 '엄마', '아빠', '나', 그리고 스스로 생존하기 위해 배워야 할 기초적 언어들 다음으로 인간이 가장 먼저 배워야 할 말은 'May I help you?'이다. 사람에게 가장 필요한 말이자 사람이기 때문에 할 수 있는 가장 아름다운 말이다.

그 날, 인생에 대한 내 오만했던 아집과 미련함을 깨닫게 해 준 그 목소리 좋은 독일 양복신사 아저씨와 두 청년들, 우리나라 전철에도 그런 사람들이 많았으면 좋겠다.

마이더스의 눈 - 독일 빵들을 보며

프랑크푸르트 중앙역에 도착한 나는 그 무거운 짐을 끌고도 곧장 숙소로 가지 않았다. 피곤한 줄도 모르고, 눈에 들어오는 대로, 발 닿는 대로 역 안의 가게들을 돌아다니고 사람들을 구경하는 데 정신이 없었다.

그 중에서도 중앙역 광장에 있는 햄버거 가게들, 독일 빵은 왜 그렇게 예쁘고 먹음직스럽게 생겼는지 … 해외여행객이면 누구나 한국에 없는 새로운 것을 보았을 때, 한국에서 장사하면 잘 될 것 같다는 생각을 해 보았을 것이다. 나 역시 동화 속에 나오는 것 같은 그 사랑스러운 빵들을 보자마자 한국에 가서 장사하면 대박나겠다는 생각에 들떠버렸다. '빵 좋아하는 아빠와 언니, 친구들은 생각도 나지 않았다. 궁핍한 형편도 아니었는데, 나는 그저 빵을 본 지 10초 만에 그 빵들을 한국 돈으로 전환시키고 있었던 것이다. 그런 내 모습에 당황했으면서도 솔직히 그 이후에도 그런 생각은 내게 병처럼 계속되었다.

나는 어떻게 자란 사람이었을까? 왜 보는 것마다 팔아서 돈으로 만들어야 한다는 생각을 나도 모르게 하는 사람이 되었을까? 그래도 나는 그 전에는 그렇게까지 나 자신이 속물적이라고 생각하지 않고 살았었다. 그러나 나는 그날 프랑크푸르트 중앙역 빵가게 앞의 자신을 보면서 내가 믿고 있던 모습이 진짜 나의 모습이 아니었다는 것을 알았다. 그리고 자기 자신을 살피는 마음을 잃으면 외부의 것들이 요구하는 욕망들이 순식간에 내 의식을 끌고 갈 수 있고 생활의 많은 부분을 그렇게 살아왔다는 것도 깨달았다.

그날 이후, 내게 좋은 버릇이 생겼다. 그것은 내가 추구하는 욕망이, 소유하고자 하는 의지가, 어디로부터 온 것인지를 역추적하는 것이다.

뚱녀들이여, 당신의 영혼을 구원하라 - 프랑크푸르트 중앙역 내 서점에서 1

나는 프랑크푸르트 중앙역에 내려, 역 안에 있는 작은 서점을 둘러보았다. 온통 독일어로 된 책들이라 표지만 구경해야 했기에 당연히 잡지책 코너에 오래 머물렀다.

매대의 맨 앞줄에 한 여자가 표지모델을 하고 있는 책이 시선을 끌었다. 표지 속 그녀는 뚱뚱했다. 하지만 미니스커트에 하이힐을 신고 자신에게 도취된 듯 당당하고 행복한 뽐새를 취하고 있었다. '아! 뭐지? 이 사랑스러운 독일 여인네는? 마른 여자모델들의 전유물인 잡지표지에 이렇게 당당한 모습을 하고 있다니!', '잡지는 대중적이어야 하는데, 독일 잡지는 정말 대중적이야. 솔직하고, 사실이 있어!' 하며 나는 그 순간 미디어로부터 느꼈던 거리감과 소외감이 안개 걷히듯 사라지는 듯한 기분이 들었다. 평생 물만 먹어도 살이 찌는 체질에 코끼리등이라는 별명을 듣고 살았던 나는, 그때 드디어 해외에서 천군마마를 얻는 느낌이었다.

인생의 빛

우리 사회는 왜 그토록 천차만별로 태어나도록 되어 있는 인간의 자연발생적 체형과 체격, 무게들을 표준화하려 드는지 … 몸매라는 것은 그 사람이 자연스럽게 먹고 일하고 움직여서 만들어지게 되는 몸의 형체이다. 그 형체를 이루고 있는 선과 모양에는 그 사람의 인생이 들어있다. 그래서 누군가의 몸매의 본질은 곧 저마다 가진 마음이고 의지이고 관계이다. 그러니 인간 개인의 몸매와 무게를 표준수치에 맞추려는 것은 억지스러운 일이다.

더욱이 말초적인 시각에서 남의 몸을 두고 우스갯소리라도 몹쓸 몸이니 나쁜 몸매니 하며 놀리는 것은 절대 불량한 일이다. 그런 말들에 기죽고 눈치보는 것도 절대 어리석은 일이다.

그러니 세상의 뚱녀들이여, 우울하다고 먹지 말고, 심심하다고 먹지 말고, 버릇처럼 먹지 말자. 그랬는데도 뚱녀이거든, 그것은 원래 그런 것이니 즐겁게 포기하자. 스스로 신체 건강하고 마음 행복하면 됐지, 원래 그런 것을 애써 바꾸려는 것은 부질없는 일이다. 그저 남보기 좋은 날씬이가 되려고 제 몸 상하게 하는 것은 마음의 힘이 유약한 사람들이 하는 일이다. 더 엄밀히 말하면 그것은 일종의 사회적 정신질환이다.

노자의 말대로 세상에 존재하는 모든 것들은 원래 형형색색(形形色色)이 다르다. 또 그런 자연은 부득이(不得已)하게 피할 수 없는 것이다. 자연스럽게 노력해서 아름답게 변화시킬 수 있으면 좋지만, 타고난 외모라 바꿀 수 없다면 받아들이고 즐겨야 한다. 뚱녀도 뚱남도 저마다의 매력이 있는 법. 각자의 몸매에 담긴 이야기들과 다양한 몸매마다 풍기는 다른 분위기들을 읽을 줄 알면 누구든 미남 미녀 아닌 사람이 없다.

운동을 싫어하는 체질에 직업상 앉아 있는 시간이 많다 보니 나는 과체중이고 늘 옆구리에 퉁퉁한 살덩이를 달고 다녔다. 박사논문에만 전념하던 일 년 동안은 최악이었고 그때보다야 덜하지만 지금도 그 모양이다. 그래도 건강검진하면 매번 결과가 좋게 나오는 데다 저 잡지 속 독일 여인네 덕분에 주변 사람들의 압박에도 굴하지 않고 나는 행복한 뚱녀로 여전히 잘 살고 있다. 적어도 뚱녀라서 영혼이 우울하지는 않다.

인생의 빛

뚱녀 잡지 때문에 좋아진 기분으로 프랑크푸르트 중앙역 내 서점을 막 빠져나오는데, 출입문 바로 옆 가판대에서 깜짝 놀랄 만한 책을 발견했다. 책표지를 보는 순간, 얼굴의 모든 세포들이 순간 활동을 멈춘 듯 했다. 표지의 두 주인공들은 사랑이 넘쳐 보였고 서점 주변의 사람들도 무심히 평화로웠다. 서점 밖에는 현장학습 가던 초등학생들도 많았는데 모두들 아무렇지 않아 했다. 나 혼자 얼굴붙은 표정으로 '와우!, 이, 이, 이건…, 이럴 수가!, 이렇게까지?' 하며 이상한 나라에서 온 사람처럼 책 앞에 서서 혼잣말로 버벅거렸다.

이런 잡지가 우리나라 서점에도 이렇게 버젓이 진열된다면 어떤 일이 일어날까? 분명 뉴스에 떠들썩하게 나고 그 책의 출판사와 해당 서점이 편치 않아질 것이다. 보수적인 종교단체나 교육단체들에게 위협을 당하는 것도 쉽게 예상할 수 있는 일이다.

그런데 그날 서점에서만이 아니었다. 그날 밤 숙소에서 시차적응이 되지 않아 새벽에 tv를 켰을 때, 낮에 봤던 만화표지와 비슷한 장면들을 볼 수 있었다. 한 채널에서만이 아니었다.

_"요호~!, 오우, 예~!"

왜인지 신이 났다. 그런 장면들 자체 때문이 아니라, 한국에서 무슨 범죄도 아닌데 '공공연'해서는 안 된다고 여겨지는 것이 공공연한 현실로 아무렇지 않게 여겨진다는 사실에 알 수 없는 해방감을 느꼈기 때문이었다.

그날 밤, 나는 한국사회의 금기에 대해 생각했다. 금기는 물론 시대와 상황, 여러 다양한 사회적 기준에 따라 그것들을 안정적으로 유지하고 존속시키는 긍정적인 역할을 해오기도 했다. 그러나 영원히 절대적으로 지켜지는 금기란 없다. 그래서 금기 자체보다는

금기를 정하는 기준과 주체에 대해 생각하는 것이 더 중요하다. 특히 자연발생적인 부득이한 것들에 대한 금기일수록 비판적으로 생각해 볼 필요가 있다. 그런 것들은 대부분 인류가 시대와 상황을 초월해서 보편적으로 추구해야 할 생명권과 인권에 직결되기 때문이다.

그날 나는 질문했다. 우리가 자연사적 확률로 태어나는 성소수자들을 비정상이라고 규정할 근거가 무엇인지. 우리들은 자기 성정체성을 정상인 줄 알고 스스로 미리 선택해서 태어난 건지, 자연적으로 태어나진 것들을 정상과 비정상, 우월과 열등으로 구분하는 것이 과연 자연스러운 판단인지. 자연에는 정상과 비정상이 없다. 저마다 다르게 생겨나는 그 자체가 있을 뿐이다. 그 자체가 모두 정상이다. 그래서 누구도 자연적 차이를 차별할 권리를 가지고 있지 않다. 누군가 그런 차별을 행사한다면 그것은 정당화될 수 없는 폭력일 뿐이다.

우리가 동성애자들에 대해 갖는 거부감은 그 사람들의 인권과 생명보다 중요하지 않은 다른 어떤 인위적인 것을 지켜내기 위해 나 아닌 다른 누군가가 정해 놓은 금기를 교육받고 따른 결과일 수 있다. 그들에 대해 나 자신이 직접 느끼는 감정이 아니다. 성소수자들을 포함해서 성적인 금기들뿐 아니라 다른 여러 분야의 오랜 금기들과 자신의 행동을 지배하는 금기들을 떠올려 보라. 현실적인 모순을 낳고 마음을 복잡하게 하는 것일수록 자연의 순리에 입각하지 않은 것들이 많다. 그런 것일수록 그 결과가 자신과 타인을 건강하고 행복하게 하는 것이냐, 자신의 고통과 타자의 슬픔만을 수반하는 것이냐는 단순한 기준에서 생각하는 것이 좋다. 그러면 우리는 자기 자신을 포함해서 훨씬 더 많은 사람끼리 더 자유롭고 편안한 삶을 누릴 수 있을 것이다.

아날로그의 편안함, 손풍금 치는 할아버지 – 뤼데스하임 참새길에서

독일 여행 이틀째 되던 날, 프랑크푸르트에서 멀지 않은 곳에 포도밭으로 유명한 뤼데스하임이라는 마을에 놀러갔다. 한인 민박집에서 만난 여행작가와 한국 대학생 두 명과 함께 갔는데 기차를 타고 한 시간 남짓 지나 우리는 뤼데스하임에 도착했다. 기찻길 옆에 늘어선 소박한 마을의 카페들을 제외하고는 집집마다의 앞뜰과 뒷동산, 마을 뒤로 펼쳐진 산마루까지 마치 동화처럼 포도밭으로 덮여 있었다. 그리고 마을 안쪽에는 참새길이라는 좁고 아담한 길이 있었는데 그 길이 포도밭 정상에 오르는 케이블카 승강장으로 가는 길목이라 길 양쪽으로 관광객들을 대상으로 하는 기념품 가게와 아기자기한 레스토랑들이 늘어서 있었다. 우리는 산 정상에 오르기 전 그 중의 한 레스토랑에서 점심을 먹기로 했다. 여러 식당 중에서 우리는 연세 지긋한 할아버지가 식당 마당에서 낡은 손풍금을 연주하는 곳으로 들어갔다. 그리고 독일 수제 소시지와 으깬 감자, 약간의 샐러드가 한 데 담긴 한 접시 요리를 주문했는데, 유럽음식이 그렇게 짠지 그 때 처음 알았다. 정말 과하게 짜다. 할아버지의 정겨운 풍금연주가 없었다면 아마 그 짠 맛을 다 견디지 못 하고 음식을 남겼을 것이다.

그 할아버지, 다른 식당들이 커다란 엠프나 밴드로 손님을 끄는 데 굴하지 않고 타는 듯한 유럽의 여름 햇살을 그대로 맞으며 마당 한 구석에서 진지하게 자긍심 넘치는 표정으로 풍금을 연주하셨다. '저 할아버지와 풍금, 이 마을에서 몇 년을 살아온 걸까? 주변에 음량 좋은 전자 엠프로 손님을 모으는 가게들도 많은데 어떤 마음으로 저 풍금을 지키고 계신 걸까' 그 풍금에서 울려나오는 아날로그 음률에 반해서 짠 음식들이 다 용서되었다. 아직도 그 할아버지와 풍금이 그대로 있을지 모르겠지만 참새길을 따라 올라가다 왼쪽에 있는 레스토랑인데 마당에는 시계탑도 있다. 뤼데스하임에 가는 사람들 중에 시골집 같은 분위기와 소박한 풍금소리를 좋아하는 사람이 있다면 그곳에 가 보기를 바란다.

인생의 빛

상도덕에도 측은지심이 있다 - 프랑크푸르트 상가거리에서

뤼데스하임에서 돌아와 숙소에서 저녁식사를 마치고 민박집의 여행객들과 함께 밤산책을 나섰다. 초저녁임에도 많은 가게들의 문이 닫혀있었는데, 낮에는 일터에서 일하고 밤에는 가족과 일상을 즐기는 유럽의 단순한 생활방식이 여실히 느껴졌다.

내가 경험한 바로는, 독일에서는 가게 문 닫는 시간에 들어오는 손님을 잘 반기지 않았다. 어떤 날은 입구에 막 들어서는데 주인이 가게 문을 닫아야 하니 나가라며 내쫓다시피 한 적도 있다. 정해진 시간 동안 일 하고 그 외의 시간은 침해받지 않을 권리가 있다고 생각하는 것처럼 보였다. 어쩌면 불친절해 보일 수도 있는 그런 독일 상인들에게서 하나라도 더 팔려는 한국 상인들의 조바심이나 고달픔 같은 것은 잘 느껴지지 않았다.

불 꺼진 상가거리에서 그런 생각을 하며 걷다가 불이 환하게 켜져 있는 가발 가게 진열장 앞을 지나게 되었다. 그런데 마네킹들의 표정이 너무 우스웠다. 가발의 색이나 디자인을 돋보이게 할 장신구나 스카프 같은 것들 없이 그저 가발 딱 하나만 쓴 채 마네킹으로서는 일반적이지 않은 얼굴표정들이 진열되어 있었다. 물론 독일의 모든 가발가게들이 다 그 가게 같은 건 아니겠지만, 처음에는 '무슨 선진국 가게가 이리 촌스럽냐, 우리나라 읍내 가발가게도 이보단 낫겠다. 독일사람들 생각보다 촌스럽다.'며 웃었다. 게다가 마네킹들 표정이 하나같이 다 똑같은 듯하면서도 가만히 보면, 얼굴 하나하나마다 미세하게 다른 슬픔들이 느껴지는데, 나도 모르게 볼수록 짠한 마음이 들어 더 웃겼다. 뒷줄의 여자 얼굴들은 왜 또 그리 하나같이 맹한 표정들인지. '이 가게 주인이 정말 가발을 팔 생각으로 절 얼굴들을 늘어놓은 건가?' 하며 가게 주인이 궁금해지기도 했다.

그런데 이상한 것은 그런 가게 앞에 내가 너무 오래 멈춰서 있었다는 것이다. 나도 모르게 꽤 오랫동안 마네킹 하나하나를 자세히 관찰했던 것 같다. 눈을 현혹시키는 다른 것들이 없는 대신, 그만큼 가발이 더 집중적으로 보였다. 심지어 마네킹들마다 이야기까지

지어내었다. '아, 이 동네 저런 표정을 한 사람들이 많나? 독일 남자들은 뭐 때문에 슬플까? 아, 저 뒷줄 가운데 짧은 머리 맹순 씨 왠지 병색이 짙어 보이네, 음, 저런 얼굴을 생기 있어 보기에 하는 데는 역시 짧은 머리가 최고지. 뭐라도 좀 사 먹이고 싶다. 아, 이 사람들 왠지 친근해. 중얼중얼 …' 그러면서 나는 가게 주인도 없고 일행도 멀어진 가발가게 진열장 앞에서 혼자 가발의 세계에 빠져들었다. 너무 재미있었다.

　　나는 결국 그 가게 주인이 분명 대단한 마케팅 지략가일 거라는 결론을 내렸다. 한국에서는, 어디를 가든, 대부분의 마네킹들이 화려한 조명 아래 완벽한 몸매와 치장 그리고 도도한 표정으로 서 있다. 하지만 나는 한 번도 그렇게 천편일률적인 진열장을 보면서 그 가발가게 앞에서만큼 깊은 몰입과 상상을 해 본 적이 없다. 친근하지도 않았다. 그런 것들은 그저 스쳐지나갔을 뿐이다. 나는 그 날, 장사는 소비자의 기분을 맞추는 서비스나 눈에 보이는 현란한 자극으로만 하는 게 아니라는 것을 깨달았다. 파는 사람이야 사는 사람 눈에 좋게 보이는 것만 늘어놓고 싶겠지만 장사도 사람이 하는 일인지라 그보다는 사는 사람의 삶살이와 심정을 헤아리고 동감하는 것보다 좋은 방법이 없을 것이다. 마음이 있으면 뜻이 생기고 뜻이 있으면 길이 열린다는 말은 어디에서든 무슨 일에서든 통하는 법이다.

　　내 인생의 행복한 시간을 누가 결정하는가? - 하이델베르그 카페거리에서

　　독일에서는 어느 도시를 가더라도 거리에서 다정하게 손을 잡고 걷거나, 노천카페에 앉아 있는 노인커플을 흔히 볼 수 있었다. 한눈에 봐도 우리나라 노부부들과는 사뭇 다른 분위기가 풍겨 나왔다. 손을 꼭 잡거나 팔짱을 끼고 다정하게 서로를 배려하며 천천히 걷는 모습이 한국에서는 반 농담 삼아 불륜으로 오해받기 쉬운 모습이었다.

　　그런데 그 노인분들 누구도 주변 눈치를 살피지 않았고 청춘커플들처럼 맑고 환한 표

정이었다. 상식적으로 거리에 그 많은 노인커플들이 모두 불륜일리 없다는 의구심이 들었다. 그래서 독일에 살고 있는 친구에게 물었다.

_"독일 노인들은 참 행복해 보여. 독일은 대체로 부부사이가 좋은가봐? 어떻게 그럴 수 있지?

_"저 사람들 다 부부 아니야. 저 중에 연인들이 더 많을 걸."

_"엥?"

_"자식들 다 키워놓고, 사별이든 이혼이든 혼자된 분들끼리 부담 없이 연애하는 거지. 자식들도 18살 되면 다들 독립해서 자립적으로 살고, 육아지원도 잘 돼 있으니까, 한국처럼 나이들어서까지 손자손녀 보는 데 매이는 경우가 별로 없어. 노후보장도 잘 되어 있어서 어느 정도 경제력도 있고. 그래서 여가생활도 활발히 하고 연애도 하고 그런 거지 뭐. 또 여기는 워낙 결혼정년기라는 게 없잖아. 50대까지 자유연애 하고 자기 하고 싶은 일에 전념하다가, 다른 사람하고 같이 어울려 잘 살 만큼 성숙하고 안정적인 상황이 됐다고 생각할 때 결혼하는 사람들도 많아. 대뜸 불륜으로 보기엔 다양한 경우들이 많다고 봐야지."

_"다들 어디서 만나는데?"

_"평생교육이나 문화센터, 교회, 지역 커뮤니티 같은 것들이 굉장히 잘 되어 있어. 독거노인이라 해도 바쁘게 어울리고 외로울 새 없이 지낼 거리들이 많은 편이야. 또 지역의 구인구직 광고지 같은 거 있잖아. 꽤 많은 사람들이 그런 곳에 자기 프로필 올려서 이성친구 찾는 광고도 내. 한국은 그러면 열이면 열 다 상업적인 거지만, 여긴 이상하게 생각 안 해. 자기가 필요한 걸 알리는 지극히 일반적인 걸로 여긴 달까."

_"진정한 지역신문이구먼! 독일 노인들 부러워."

그날 나는 카페에 앉아 옆 테이블의 노인커플들을 보며 생각했다. 모든 사람이 꼭 신체적으로 건강한 2세를 가장 잘 낳을 수 있는 나이에 결혼을 해야 할 필요가 있을까? 그것이 인생의 정해진 수순이라는 고정관념이나 주변성화에 못 이겨, 20~30대에 결혼하고 아이를 낳고 사는 삶이 과연 모두에게 행복할까? 결혼을 하든, 하지 않든, 혼자 살든, 그 누구와 함께 어디에서 살든, 중요한 것은 사랑이 충만한 삶을 만들 줄 아는 지혜를 갖추는 것이 아닐런지. 그 지혜는 남이 정해 놓은 수순을 따르는 데서 생겨나지 않는다. 각자가 자신이 행복해지기 위해 언제 어디에서 무엇을 어떻게 누구와 함께 하느냐를 스스로 정하는 데에서 생겨난다. 그래서 인생의 행복시간표는 저마다의 독특한 내용과 수순으로 다르게 짜여지는 것이다. 그 행복시간표를 짜고 살아가는 것에 대한 결정권을 자기 자신이 자유롭게 발휘할 수 있다면 우리 사회에서도 여러 종류의 사람이 사람을 사랑하는 것이 좀 더 자연스럽고 당당한 일이 될 것 같다.

생각의 길은 어디에도 있다 - 하이델베르크 철학자의 길 앞에서

프랑크푸르트에서의 셋째 날, 민박집에 머물던 한국 남자대학생 한 명과 함께 하이델베르크로 향했다. 그 친구 나이가 스물여섯인가 일곱인가였는데, 유럽 어느 나라에서 환경 관련 학과에 교환학생으로 있다가 돌아가는 길이라고 했다. 수년이 지난 지라 정확한 기억이 나지 않지만 그 청년이 착하고 친절하고 배려심이 많았다는 것만은 분명하게 기억이 난다. 그 청년 덕에 하이델베르크까지 무사히 편하게 갈 수 있었던 것에 다시 고마움을 표하고 싶다.

기차역에 내려 그 청년과 나는 말로만 듣던 대학도시, 하이델베르크를 걷기 시작했다. 다운타운의 상가거리에는 그날따라 사람들이 많았다. 수 자체가 많았던 게 아니라 각

기 다르게 생긴 사람들이 많았는데, 빨강머리 여자, 츄로스를 길게 늘여 붙인 것 같은 머리를 한 거리 연주자, 선글라스 하나 걸친 민머리 청년들, 노랑머리, 심지어 형광주황색 머리도 있었고, 그 더운 날씨에, 가죽점퍼를 입은 남자도 있었다. 각양각색의 사람들이 내 전두엽을 피곤하게 만들었다.

게다가 하이델베르크 성에 있다는, 세계에서 가장 큰 와인통을 보러 갔는데 케이블카가 있다는 걸 알지 못 하고 314개의 성곽계단을 부끄러운 체력으로 기다시피하며 걸어서 올라갔다. 그래도 그 덕에 가다 서다를 반복하며 마을 전경을 느긋하게 내려다보고 감상할 수 있었다. 내가 본 하이델베르크는, 건축양식과 마을구조는 단조로운데 그래서 무겁고, 정결하면서 왠지 엄격함이 느껴지는 마을이었다. 다분히 독일스러운 느낌이었다. 같이 간 청년에게 그런 느낌을 말했더니, 내려다보이는 건너 마을에 있는 철학자의 길에 가보자고 권했다. 헤겔이나 야스퍼스 등 위대한 철학자들이 거닐었던 길이니 누나 같은 교육철학자들은 꼭 가보고 싶어 할 것 같다는 것이다. 그의 말대로 가보고도 싶었지만 나는 일부러 가지 않았다. 이십대 후반의 석사과정 내내 헤겔에 대해 공부하느라 힘들었던 기억 탓이었는지, 괜한 심통이 났다. 남들이 위대하다고 하는 사람이 걷던 길이라고 뭐 별다를 게 있겠나 싶기도 했다.

중요한 것은 그 사람들이 정신을 다해 생각을 했다는 것이고 나 역시 스스로 생각하고 내 길을 충실하게 가려 애쓰고 있다는 것이었다. 생각할 수 있는 길은 내 안에, 그리고 어디에도 있다.

세상 누구나 외롭다 – 베를린 한식당에서

한창 더운 여름날 저녁, 독일에 사는 친구와 함께 한식당에 갔다. 모처럼 얼큰한 게

인생의 빛

먹고 싶어 육개장을 주문했는데 색깔만 빨간 색일 뿐, 소고기 뭇국 같은 맛이었다. 육개장이 현지화되어 있을 거라는 생각을 하지 못한 게 실수였다. 그래도 이게 어디냐 싶어 우적우적 약 3분의 1쯤 먹었을 땐가, 한 깡마른 독일 아가씨가 다가와 말을 걸었다. 같은 식탁에 앉아도 되겠냐는 것이다. 날이 더워서 우리는 야외식탁에 앉았는데 야외식탁은 두 개였고 분명 다른 하나는 비어 있었다. 그리고 심지어, 우리가 앉은 의자는 보통 체격의 성인 두 명이 앉기에 약간 넉넉하고 셋이 여유있게 앉기에는 비좁은 길이였기 때문에 그녀의 제안에 당황하지 않을 수 없었다. 그래도 하나로 단정하게 묶은 금발 머리와 주근깨 퍼져 있는 하얀 얼굴이 조신하게 느껴져서, 나는 묻지 않고 친구의 엉덩이를 밀치며 내 옆자리를 내어주었다. 그리고는 친구도 나도 계속 조용히 밥만 먹으면서 그녀가 무슨 말이라도 걸어오기를 기다렸다. 하지만 그녀는 아무리 기다려도 음식을 기다리는 내내 마네킹처럼 우두커니 앉아만 있을 뿐 우리에게 한마디도 하지 않았다. '아, 우리랑 친구가 되고 싶어 하는 걸까? 분명히 혼자 사는 고독녀같아 보이는데 밥 사먹으러 나왔다가 생기 있게 얘기하는 우리가 부러웠던 건가? 소심해서 말을 못 거나? 아니면 이 즐거운 분위기를 그냥 옆에서 보고만 싶은 건가?, 그럼 모른 척하고 계속 하던 얘기 즐겁게 해야 하나?' 이런저런 짐작으로 눈치만 보다가, 어느새 식사가 끝나고 일어나야 할 때가 되었다. 순두부였는지, 비빔밥이었는지 분명히 기억나지는 않지만, 그녀는 음식만 앞에 둔 채 혼자 남겨져야 했다. 아쉽고 못내 궁금한 마음에 그나마 자리에서 일어서면서 가벼운 눈인사를 보냈는데 그녀는 나보다 더 가볍게 눈인사를 받고는 고개를 돌렸다. 그런데 무슨 마음이었는지 그녀에게 왠지 미안한 기분이 들었다. 혼자 두고 가면 안 될 것 같기도 하고 그때까지 줄곧 혼자 살았던 내 모습 같기도 하고, 20대로 보여서 제자들 생각도 나서 뭔지 모를 연민에 자꾸 뒤를 돌아보았다.

이후에도 비슷한 경험이 또 있었는데, 스웨덴 교민인 언니와 언니 딸, 아들, 그리고 일본인 아줌마 한 명과 스웨덴에서 핀란드로 크루즈 여행을 갔을 때였다. 우리는 젊은이들이 많이 모인다는 쇼핑몰 앞 광장에 도착해 이곳저곳을 구경하고 있었다. 그런데 아이들과 몇 걸음 떨어져 있던 언니가 내게 달려오더니 급하게 귓속말을 했다.

_"저 할머니 이상해. 갑자기 다가오더니 우리딸더러 한번만 안아달래."
_"그래?"

하며 당시 초등학교 5학년 나이쯤이었던 딸아이를 돌아보는 순간, 딸아이는 벌써 흔쾌히 할머니를 안아주고 있었다. 그런데 그때 이상하게도 할머니가 누구인지 무슨 상황인지 아무것도 알지 못했는데도 대뜸 알 수 없는 눈물이 났다. 퀭한 할머니의 낯빛에서 외로운 기운이 역력하게 느껴졌기 때문이었다. '아, 저 할머니 외로운 핀란드 독거노인인가봐.' 언니와 나는 누가 먼저랄 것도 없이 할머니께 달려가 우리도 안아드리면 안되겠냐고 했다. 할머니는 우리를 안으시고는 동양에서 온 천사들이라며 고맙다는 인사를 몇 번이나 하셨다.

세상에는 나만 외로운 게 아니었다. 나 같은 사람들이 서유럽에도 북유럽에도 살고 있었다. 그날 전까지 나는 가족과 떨어져서 늘 아무도 없는 컴컴한 집에 혼자 들어가고 집안의 파리와 얘기하는 것도 고마워하며 살아야 하는지, 세상에 내가 제일 외롭고 억울하다고 느꼈었다. 그래도 어찌할 수 없이 견뎌내야 하는 세월로 여기고 혼자 꾹꾹 참고 살았던 지난 시절이 그 날 그렇게 미련하게 느껴질 수가 없었다. 어디나 사람은 다 그렇게 다 외로운 거였다.

그날 이후 나는 허그형 인간이 되었다. 남녀 가리지 않고, 나이나 관계에 상관없이 상대가 어색해 하지만 않으면 먼저 다가가 포옹하고 손잡고 어깨동무도 하고 등도 두드린다. 귀국 후 그런 것이 익숙지 않은 한국 사람들에게 처음에는 오해도 받았지만 나는 개의치 않고 지금도 계속 그러고 있다. 특히 집 떠나와 객지생활하는 어린 제자들에게는 더욱 살갑게 하려 애쓴다. 가족이 아니더라도 가족같이 누가 옆에 있다고 느끼는 것만으로도 나처럼 청춘을 미련하게 외롭게 보내지는 않을 것 같아서이다. 기숙사 사감선생님들, 하숙집 아주머니들, 집 떠나온 아이들, 외로운 노인들, 누구든 가까이 있거든 먼저 말 걸어 주고 많이 안아주고 토닥여주기를 바란다.

"유니, 너도 타" – 본, 작은 마을 놀이터에서

독일 본에 유학 간 선배언니가 살고 있었다. 언니는 대학 때부터 총명하고 성실한 사람이었다. 궁금하고 보고 싶은 마음에 프랑크푸르트를 떠나기 전날 언니네 집을 찾아갔다. 언니에게는 천사같이 착해 보이는 연하 남편과 당시 네 살쯤이었던가, 만화영화 주인공, 포뇨처럼 생긴 귀엽고 생기 넘치는 딸아이 한 명이 있었다. 언니는 십수년 만에 처음 만났는데도 나를 어제 본 사람인 듯 다정하게 맞아주었고 나는 그런 언니에게 언니가 떠나 온 이후의 한국이야기를 폭풍처럼 쏟아내었다. 그때가 노무현 전 대통령이 운명을 달리한 직후였기에 밤늦도록 더더욱 할 이야기가 많았다.

그렇게 평화로운 독일마을에 불청객 같은 한국이야기로 밤을 보내고 다음날 아침이 되었을 때 언니의 가족과 일상이 오롯이 눈에 들어왔다. 언니가 차려 준 정갈한 아침식사를 마친 후 나는 언니의 포뇨 같은 딸아이(이후 포뇨라 칭함)와 함께 산책을 갔다. 포뇨는 몇 마디 나누지 않아도 앙증맞고 사랑스럽다는 걸 알 수 있는 아이였다. 길가에 핀 꽃이랑 창문에 장식되어 있는 인형, 어떤 집 마당의 그네 등을 보라며 동네 곳곳을 소개해 주었다. 그러다 동네에 있는 작은 놀이터에 도착하자 포뇨가 갑자기 잡고 있던 내 손을 놓고 놀이터에 있는 스프링 말을 향해 쏜살같이 달려갔다. 다리가 스프링으로 된 작은 철마였는데 어쩌나 신이 나게 타던지 자고 있던 말이 포뇨를 보고 깨어나 신나게 달리고 있는 것

인생의 빛

처럼 보였다. 그러다 놀이터 가장자리에서 뿌듯하게 보고 있던 내게 포뇨가 소리쳤다.

_"유니, 너도 타"

그 전까지는 꼬박꼬박 이모라고 하더니, 신나는 마음에 모든 규율들이 해제되었나보다. 포뇨는 나와 꼭 함께 타고 싶다는 간절한 표정으로 '너도 와, 빨리'를 반복하고 있었다. '뭐지? 이 이상한 느낌은? 나 왜 막 겨드랑이 밑에서 날개가 나올 것 같고, 기분이 좋은 거지?' 순간 알 수 없는 묘한 기분이 들었는데 그 이유를 알기도 전에 어느새 내 육중한 몸은 포뇨와 나란히 말 위에서 앞뒤로 끄덩거리고 있었다. 그것도 '이~하~~!, 이~하~!'를 연발하며. 유아용 말이었다. 확인을 못 했지만, 분명 내가 탄 그 말은 탄성이 약해졌을 것이다. 본의 아니게 그 마을 어린이들에게 미안한 일을 해버렸다. 굳이 핑계를 대자면 그때 포뇨가 나를 어른이나 이모가 아니라 그저 제 말 친구로만 보아 주었기 때문에 벌어진 일이었다. 하지만 그 덕분에 서른 아홉에서 다섯 살로 돌아가는 시간여행을 할 수 있었다.

집에 돌아와 언니에게 포뇨가 너무 귀엽게 "유니, 너도 와" 하더라는 얘기를 해 주었더니, 언니가 그뿐만이 아니라며, 장로님 사건을 말해 주었다. 어느 날 포뇨가 교회에 갔는데, 연세 지긋하신 장로님이 포뇨에게 귀엽다며 엄마 없는 자리에서 사탕을 주셨단다. 예배가 시작될 무렵 자리에 함께 앉은 엄마가 사탕 누가 주셨냐며 물었는데, 포뇨가 또랑또랑하게 '응, 쟤가' 하며 장로님을 손가락으로 가리켰단다.

서양언어에는 존댓말이 없다. 나는 그것이 하나도 낮게 여겨지지 않는다. 그리고 한국말에는 존댓말이 있다. 공경하는 말이라는 의미로 경어(敬語)라고도 한다. 그러나 나는 그것이 완전히 높게 여겨지지도 않는다. 상대적으로 존댓말은 하대하는 말 없이 성립되지 않기 때문이다. 물리적인 시간상 먼저 태어났다는 이유로, 학교나 군대, 회사를 먼저 들어갔다는 이유로, 또는 더 많은 권력과 지위, 물질을 소유했다는 이유만으로 존댓말을 들어야 하는 것은 바람직하지 않다. 그런 존댓말에는 진심이 담기기 어렵고, 상대에게 하대하는 것을 당연히 여기게 하기 때문이다.

어떤 분야든 내가 만났던 최고의 실력자와 고매한 어르신들은 가까운 사이든 아니든 나이 어린 사람을 함부로 대하지 않으셨다. 처음 만난 사이든, 오래된 사이든 한결같이 존대하셨다. 물론 항상 존댓말만 하셨던 것은 아니지만 반말이든 존댓말이든 그 말의 형식 자체가 중요하지 않았다. 중요한 것은 그 분들의 말에서는 매 순간 진심과 겸손이 느껴졌다는 것이다. 포뇨의 '유니, 너도 와'처럼.

반드시 나이 어린 사람이나 직급이 낮은 사람에게 존댓말을 들어야 존중받는 것이라고 생각하는 사람들일수록 두려워하지 말고 어리고 여린 사람들에게 존댓말을 먼저 써보길 바란다. 형식적인 경계를 넘어서 누구와도 친구가 되는 기쁨을 누릴 수 있을 것이다.

실천 없는 지성은 차원이 낮다 – 베를린 스타벅스에서

베를린에 사는 친구와 한 날은 베를린에서 가장 크다는 벼룩시장에 갔다. 큰 운동장 같은 공터에 끝도 없이 늘어선 가판대들이 여러 갈래로 줄지어 있었다. 골동품도 많고, 수제품도 많은 것이, 없는 것 빼고 다 있는 우리나라 큰 시골장터 같은 분위기였다. 게다가 일요일이어서였는지, 물건구경을 제대로 하기 어려울 정도로 가판대 사이사이마다 사람들이 북적거렸다. 또 그런 골동품 시장이면 어른들이나 노인들이 더 많기 마련인데 장터 바로 옆에 있는 운동장에서 청소년들이 응원석을 가득 메우고 큰 소리로 축구경기를 응원하고 있어서 장터까지 그 활기로 들썩였다.

그런데 그 활기와 흥분도 잠시였을 뿐, 그날 40도까지 치달았던 날씨 덕에 나는 장터를 다 둘러보기도 전에 녹초가 되었다. 우리나라 여름이 찌는 듯한 느낌이라면, 유럽은 습

인생의 빛

도가 낮아서 타는 듯한 느낌이었다. 평생을 찌는 듯한 날씨만 경험했던 내 살들이 그날 처음으로 타는 듯한 날씨에 의식을 잃어가고 있는 듯했다. 자외선도 한국과는 비교가 안 될만큼 강해서 아마 그런 날씨를 처음 겪어 본 사람이라면 일사병과 피부암에 대한 두려움이 무엇인지 공감할 수 있을 것이다. 그 속에서 아무렇지 않게 장터를 돌아다니는 사람들과 그늘 한 점 없는 운동장에서 웃옷까지 벗고 뛰어다니는 독일의 청춘들이 한없이 기이하게 느껴졌다. 그리고 순간 현기증과 심한 갈증도 느껴졌다. 그래서 친구에게 도움을 청했다.

_"나 너무 더워서 죽을 것 같아. 냉커피 먹고 싶어."
_"독일 카페에서는 냉커피 안 팔아. 아무리 더워도 사람들이 아이스 아메리카노 잘 안
  마셔."
_"말도 안 돼. 이 더운 날에도 다 뜨거운 커피만 마신단 말야?"
_"응, 아이스커피는 스타벅스나 가야 있어."
_"그래 알았어, 그럼 우리 빨리 스타벅스 가자. 얼른 얼른."
_"너 지금 유럽에 와서 스타벅스 타령하는 거야? 넌 문화의식이 저질이야."
_"맞아. 나 저질이야. 저질 좋아. 아무튼 빨리 스타벅스 가자. 응?"

그 때 나는 스타벅스에 영혼이라도 팔 수 있을 것 같은 심정이었다. 결국, 나는 스타벅스에 가서 냉커피와 자몽주스를 연달아 마시고 나서야 정신이 들었다. 친구에게는 그저 목숨부지 한 게 어디냐는 뻔뻔한 표정으로 아무 생각 없는 듯 앉아 있었지만, 시원하게 식은 살갗 밑에서 그가 지적한 내 저질 문화의식이 화끈거리기 시작했다.

유럽사람들이 왜 더운 날에도 아이스커피를 대중적으로 즐기지 않는지 그 이유는 아직 모르겠지만, 친구는 냉커피냐 온커피냐, 유럽 커피냐, 미국 커피냐를 선택하는 기준으

로 문화의식의 수준을 판가름했던 것이 아니다. 문화는 추상적인 개념이 아니다. 사람들의 삶살이를 이루는 총체적인 행위인 것이다. 무엇을 어떻게 먹고, 무엇을 어떻게 입으며, 어떤 집에서 어떤 에너지를 사용하며 살고 있느냐에 따라 그 결과로 반드시 처하게 되는, 행복하거나 혹은 불행한 공동의 현실인 것이다. 그렇기 때문에, 문화의식의 수준은 자기가 생산하고 소비하는 것들이 자신의 건강과 생산자의 복지, 공정한 경제, 지속가능한 환경, 자연 생태계의 운명을 결정짓는데 어떠한 영향을 미치는지를 아는 것 그리고 그것의 실천 여부에 따라 판가름되어야 한다.

잘 교육받은 문화의식을 가진 사람이라면, 최대한 가공되지 않은 것, 멀리서 오지 않은 것, 생산과정이 공개되지 않은 것, 비윤리적이고 반자연적인 노동과정과 폐기처리를 수반하는 것들은 소비해서는 안 된다. 나는 그 날, 아이스커피보다 물을 마셨어야 했다. 스타벅스라는 특정업체를 부정해서라기보다, 지역경제와 자립적인 삶살이를 위해서 스타벅스보다는 동네의 가장 작은 찻집에 갔어야 했다.

그 날 나는 가지고 있던 지식과 생활이 괴리되어 있고 무의식적으로 습관화된 소비정서에 의해 움직이는 못난 자신을 또 발견했다. 무엇이 옳은지 알고 있었으면서도 더위를 인식한 나의 뇌신경이 동네마다 촘촘히 들어차서 어느새 내 의식을 버릇들여 놓은 스타벅스를 향해 자동으로 작동했기 때문이다. 나는 그 날 에리히 프롬이 말한 자동인형이 떠올랐다. 산업자본주의 사회에서 인간의 내면에는 자본의 지배논리대로 소비하도록 길러지는 성향이 자동반사적으로 생겨나는데 그는 그것을 자동인형이라는 말에 비유했다. 제자들에게 자동인형이 되면 안 된다고 잔소리나 했지, 정작 내 안에 자동인형이 살고 있을 줄은 생각하지도 못 하고 살았다. 실천 없는 지성은 저질일 수밖에 없다. 창피했다.

인생의 빛

착한 지구인은 밤을 밝히지 않는다 - 베를린 시골마을에서

12월 중순쯤으로 기억된다. 스웨덴에서 가을을 보내고 독일을 두 번째 방문한 나는 독일의 겨울을 처음 경험했다. 저녁 6시쯤 공항에 내려서 베를린 시내로 가는 버스를 탔는데, 날이 이미 어두워져서 30분가량 지나서야 버스를 잘못 탔다는 것을 알았다. 도시 외곽의 마을에 내려서 행선지행 버스정거장을 찾으려 했는데, 큰 찻길을 제외한 대부분의 거리에 가로등이 꺼져 있었고 사람도 보이지 않았다. 실제로는 약 십오분 정도였으나 심리적으로 세 시간은 되었던 것 같다. 드라큘라가 나타날 것만 같은 안개끼고 축축한 옛 동독의 밤길을 한참 헤매고 나서야 겨우 사람을 발견할 수 있었다. 만화 주인공, '플란다스의 개'처럼 생긴 큰 개와 함께 산책을 나온 20대 초반의 여대생이었는데, 버스정거장을 설명하기에는 길이 복잡하다고 생각했는지, 자기도 어차피 산책 중이니 데려다 주겠다고 했다.

그녀와 함께 걷기 시작하고 나서야 진정이 된 나는 길옆에 늘어선 3, 4층짜리 낮은 연립주택들이 눈에 들어오기 시작했다. 초저녁인데도 사람도 불빛도 없는 바깥은 그렇다 치고, 심지어 집안조차 불이 꺼져 있는 듯 했다. 아예 깜깜하거나 창으로 희미한 불빛이 비치는 정도였다. 무서운 기운이 스멀거려 그녀에게 물었다.

_"왜 이렇게 거리에 사람이 없어요?",
_"겨울에는 원래 그래요. 춥잖아요."
_"그런데 집들은 왜 다 불을 끄고 있어요? 아직 잘 시간도 아닌데."
_"끈 게 아니라 촛불을 켠 거예요."
_"왜요? 전기사정이 좋지 않나요?"
_"아뇨. 통일 전보다 전력상황은 더 좋아졌어요."
_"그럼, 전기요금이 많이 비싼가봐요?"

_"싸지는 않죠. 그래도 그런 이유보다는 다들 그게 당연하다고 생각해요. 우린 늘 그랬거든요. 밤엔 좀 어둡게 지내야죠. 그래야 동물들도 숲도 좀 자고, 에너지도 아끼고요. 밤은 밤다워야죠. 한국은 어때요?"

_"한국은 밤낮없이 환해요. 밤거리에 사람도 아주 많고요. 24시간 영업하는 곳도 많고 장사 끝나고도 홍보삼아 간판 불을 밤새 켜놓는 집도 흔해요. 겨울밤에도 굉장히 활기차죠. …"

더 얘기하면 안 될 것 같았다. 조금만 더 하면, '우리 대부분은 너희같지 않아서 물이고 불이고 아까운 줄 잘 모른다. 에너지 아끼겠다고 자발적으로 전기 대신 촛불을 켜는 집은 눈씻고 찾아봐도 없다. 우리집 불빛이 동식물의 잠자리를 불편하게 하지 않을까, 밤이 없어진 지구의 생태계 교란을 염려하는 도시인도 없다. 거리에 사람 많지 않은 계절이라서 가로등을 끈다는 건 상상도 못할 일이다'라며 속사정을 다 말해버릴 것만 같았다. 내가 너무 한국에 대해 비관적으로 알고 있는 걸까? 그랬으면 좋겠다.

독일은 2011년 일본의 원전사고 이후 원자력에너지를 사용하지 않겠다고 국제사회에 선언했다. 그래서 이후 엄청난 소비에너지를 무엇으로 대체할 것인지에 대한 관심도 높아져 왔다. 독일은 중국의 억새풀을 경작해서 대체에너지를 얻어내는 기술을 이미 확보한 상태다. 화석연료가 아니더라도 수소나 전기 등 다양한 연료로 움직이는 친환경자동차도 대중적 시판까지 가능한 수준에까지 다다랐다. 그 밖에도 이미 확보한 더 많은 선진적인 친환경기술들과 제도, 삶의 양식들은 타의 주종을 불허한다고 해도 과언이 아니다.

부러운 일이다. 그러나 더 부러운 것은, 독일국민 모두가 그 모든 것이 공동의 사회적 인식과 지지 및 합의, 한 사람 한 사람의 참여와 실천이 없으면 무용지물이라는 것을 너무도 잘 알고 있다는 것이다. 독일을 생태에너지의 최선진국에 자리매김하게 하는 가장 강력

인생의 빛

한 요소는 대안적 에너지와 기술보다도 그러한 의식이 문화적 전통과 생활을 통해 몸에 배인, 그날 밤길에서 만난 여대생일 것이다.

엄격한 절제, 기품 있는 자유로 가는 길 – 포츠담 자전거길에서

베를린에 도착한 첫날, 나는 숙소에 짐을 풀고 바로 포츠담으로 갔다. 포츠담이 역사적인 의미가 깊은 곳임에도 나는 아직까지 그 때 갔던 포츠담을 떠올릴 때마다 그와 관련된 기억들이 떠오르지 않는다. 당시에 박사학위를 마친 직후의 후유증으로 공부라면 현기증이 일었던지라, 여행지마다 심각한 주제나 공부꺼리를 일부러 피해 다녔는데 아마 그 때도 그런 이유에서 포츠담에 대해 공부하기보다 아무 생각 없이 동네를 돌아다녔기 때문이었을 것이다.

나는 그저 하루 종일 걸어 다니면서 유럽의 작은 도시를 즐기는 게 좋았다. 그래서 좀 먼 듯도 했지만, 그날도 나는 역에서 내려 포츠담까지 걸어갔다. 차도 많지 않고 공기도 좋고, 집들도 예쁘고, 여유로워 보이는 사람들과 한들거리는 길가의 가로수들까지, 거리의 모든 것들이 천천히 걷는 내 마음을 더할 나위 없이 풍요롭게 해 주었다.

그런데 한참을 그렇게 취해서 걷는데 등 뒤에서 날벼락이 떨어졌다. 돌아보니 멀리서부터 자전거를 탄 할머니 한 분이 내게 무어라 크게 소리를 지르며 다가오고 계셨다. 급기야 바로 옆을 지나가실 때는 무섭게 호통까지 치시는 듯했다. 멀리 사라질 때까지도 할머니는 분노에 찬 소리를 멈추지 않으셨다. '아!… 이 상황은 또 뭐지? 독일 말이라 무슨 소린지도 모르겠고, 내가 뭘 잘못했나? 아니면 저 할머니 조금 이상한 분인가?, 소리치는 기세로 봐서는 군인이셨을지도 몰라'하며 중얼거리다가 못내 억울함을 참지 못하고 멀어져가는 할머니를 향해 '할머니, 왜? 왜요? 뭐 때문에요?' 하고 뒤에서 나도 한국말로 소리쳤다.

인생은 정말 알 수 없는 우연의 연속이라며 혼잣말로 놀란 가슴을 달래며 한참을 걸었다. 그런데 얼마 지나 긴장이 풀어진 순간 바닥에 그려져 있는 자전거 그림이 눈에 들어왔다. 당시만 해도 한국에는 지금처럼 인도 옆에 자전거 도로가 있지 않았었기 때문에 나는 그게 자전거 도로인 줄 꿈에도 몰랐던 것이다. 우리나라로 치면 차도 한복판에 뛰어들어 태평하게 걷고 있는 것이나 마찬가지였는데, 그런 내 표정을 보고 할머니는 어떤 느낌이 들었을까? 나야 말로 정신이 약간 이상한 사람으로 보였을지도 모르겠다.

나는 그 때, 독일이 자전거의 대중교통화를 성공적으로 이룬 신화에 대해 익히 들어 알고 있었다. 하지만 강의할 때나 정보 전달하듯 이야기만 했지, 진심으로 삶과 연결시켜 생각할 줄은 몰랐던 것이다. 특히, 시민들의 자유의식에 대해서는 더 느슨하고 절실하게 생각하지 못 했다. 모두가 엄중하게 약속한 법과 규칙들에 대해, 사정상 변칙을 적용하고, 모르고 넘어가면 그만이라는 등의 소소한 융통성을 부리는 것을 별 문제시 하지 않았기 때문이다. 오히려 잘못된 상황에 대해 지적을 하거나 따지는 사람을 별나고 피곤하게 여겼던 것 같다.

물론 상황에 따라 융통성이라는 것이 필요하기도 하지만, 그 날, 그 자전거 탄 할머니는 자신과 후대, 사회 전체와 자연을 지키기 위해 합의한 것이라면 크든 작든 그 법과 규칙을 엄격하게 지켜야 한다는 것을 보여주셨다. 우리라고 제도와 규칙을 만들어 낼 능력이 없는 것도 아닌데, 생태적인 면에서 드러나는 독일과의 큰 차이는 바로 그 제도와 규칙을 삶 속에서 실천하는 엄격한 실천력에 있다는 생각이 들었다. 그리고 그 엄격한 실천력의 근본바탕에는 이웃과 자연에 대한 책임의식이 깔려 있다는 것을 알 수 있었다.

이제는 우리도 '하고 싶은 대로 살아라', '원하는 것을 하며 행복한 삶을 이루라' 자유 일변도의 생각과 가르침만 추구하지 말고 함께 사는 이웃과 자연을 위해 기본적으로 하지 말아야 할 것, 지켜야 할 것을 지키도록 우리 자신과 아이들에게 엄격하게 잔소리하며 살 필요가 있지 않을까? 어쩌면 그것이 더 기품 있는 자유일 것이다.

인생의 빛

가장 고상한 평화는 가장 치열한 고백에서 피어난다 - 베를린 거리에서

　　베를린에 가면 도심 한복판에 지붕이 흉물스럽게 부서진 채로 서 있는 카이저빌헬름 교회가 있다. 제2차 세계대전 당시 교회의 첨탑 부분이 포격을 맞아 부서졌는데, 독일은 후대에게 전쟁의 참혹성을 알리기 위해 그것을 보수하지 않고 그대로 유지해 오고 있다고 한다. 뿐만이 아니다. 독일의 공공장소나 공공기관 곳곳, 거리 푯말 등에는, 우리나라의 공공기관 휴게실이나 화장실에 격언이나 명상의 말씀이 적혀 있듯이 어딜 가나 볼 수 있는 흔한 문구가 있는데, '우리는 우리가 한 일을 잊어서는 안 된다'는 것이다.

　　나는 그 문구가 쓰여 있는 길의 푯말 앞에서 그 문구를 일본식으로 바꾸어 보았다. '우리가 한 일을 절대 들켜서는 안 된다.' 함께 걷던 독일에서 위안부 관련 운동을 하고 있는 일본인 친구와 함께 생각 없이 키득거렸다. 그런데 그렇게 일본의 역사의식을 비웃다가 갑자기 가슴 한 켠이 싸해졌다. 그럼 우리는 잘 하고 있는 것일까? 우익교과서가 채택되는 것이나 소위 학생들 사이에서조차 일베충이 생각 없이 확산되는 것을 우려하는 것 말고, 입시위주의 교과교육체제에서 한국사와 세계사에 대한 진지한 내용이 부재하다는 것을 염려하는 것 말고, 위안부 문제와 독도분쟁에 뜨거운 애국심으로 함께 분개하는 것 말고, 우리가 진정한 평화를 위해 정작 보고 듣고 행해야 할 것들을 가르치고 있는 것일까?

　　독일의 평화교육이 위대한 이유 중 한 가지는, 기성세대가 수치스러운 자기 자신을 후대에게 솔직하게 열어 보였다는 것이다. 베를린을 돌아다녀보면 잔혹하고 부끄러운 선대의 고백들을 도시 곳곳에서 발견할 수 있다. 아직 남아 있는 베를린 장벽에는 독일과 세계 전역의 젊은 인디작가들의 평화메시지가 담긴 벽화들이 그려져 있고, 도로 중앙에 남겨진 작은 초소조차 불편하다는 이유로 없애지 않고 그대로 남겨 두었다. 또 마치 팬시 문구점처럼 친근하게 생긴 작은 테마별 역사박물관들을 도심 곳곳에 마련해 젊은이들이 쉽게 역사를 접할 수 있도록 했다. 그리고 아우슈비츠박물관에 독가스실 체험장을 비롯

해서 어마어마한 전쟁기록과 자료들을 통해 전 시민과 세계인을 대상으로 하는 방대하고 체계적인 교육시스템을 운영하고 있다. 그것도 모자라 도시 곳곳에 평화적 문구들이 넘쳐나게 했다.

이뿐만 아니라 보이지 않는 더 중요한 요소가 있다. 그것은 독일이 다시는 이데올로기와 잘못된 역사의식 때문에 같은 잘못을 반복하게 하지 않기 위해 정치교육에 힘을 쏟는다는 점이다. 독일은 오래전부터 평화와 정의의 가치를 담아내기 위한 교육과정을 고민하고 운영해 왔다. 그것은 후대가 선대처럼, 생각이 달라서 배타시하거나, 자신이 옳다고 해서 타인에게 강요하거나, 이익이 상충된다고 해서 힘으로 빼앗거나, 이해가 안 된다고 해서 무시하거나, 무관심해서 간과하지 않기를 바라는 교육적 의도에 의한 것이었을 것이다. 학업과 생활, 관계에서 일어나는 생각의 차이와 갈등을 대화와 타협, 협력을 통해 해결할 줄 알도록 교육과정을 설계하는 것은 그 어떤 것보다도 더 치열한 기성세대의 반성과 염원을 담아내는 일이었을 것이다.

그에 비해 일본에 대한 무조건적인 반감을 애국심의 발로로 여기거나 아직 종전이 아니라는 위기감을 고취시켜 북한에 대한 적대감을 강화하는 우리의 역사의식은 형편없이 낮다. 일본이나 북한을 두둔하거나 그들의 입장을 대변하려는 것이 아니다. 우리 역사의식의 수준을 향상시킬 필요가 있음을 이야기하는 것이다.

일본도 일본이지만, 우선 우리민족 문제에 대한 의식수준부터 되짚어 보아야 한다. 현재 우리는 같은 민족끼리, 돈 되는 일에나 서로 어렵사리 관심을 보일까, 오가지도 만나지도 못 한 채, 전 세계의 유일한 화약고로 불리며 여차하면 죽여야 할 적으로 몰아가는 상황에 놓여 있다. 후대에게 아무런 고백도, 반성도, 적극적인 교육도 하지 않으면서 평화로운 나라가 아니라 서열 높은 대학입학이 배움의 궁극적 목적이고 인생의 끝이라고 가르치는 우리는 우리 자신이 자부할 만한 평화의식을 가졌다고 할 수 있는 걸까?

우리는 솔직히, 위안부 문제와 독도 분쟁에 감정적으로 반응하는 것은 가르치면서 아

인생의 빛

이들에게 분단현실의 문제와 아픔은 자세히 알려주지 않는다. 왜 전쟁이 나게 되었는지, 이데올로기가 무엇이며 어떻게 생겨나게 되었는지, 그것이 인간을 어떻게 폭력적으로 만들게 되었는지에 대해 가르치지 않는다. 6·25 전쟁기념일이나, 현충일에 남한군의 희생으로 승리한 전쟁영화는 방영할지언정, 전쟁을 종식시키려 했던 노력이나, 전쟁 중에도 이념을 초월한 인간애가 넘쳐났던 미담, 남북한의 평화적 공존을 모색하는 이야기는 매스컴이나 기념행사에 끼어들 틈이 없다.

우리는 한 마을에서, 가족끼리조차 이념을 내세워 서로를 죽인 그 수많은 참혹한 이야기들을 독일처럼 아주 세세히 끊임없이 우리 아이들에게 들려줄 수 있을까? 천문학적인 분단유지비용을 충당하지 않아도 된다면 그 돈으로 반값 대학등록금뿐 아니라 더 행복한 사회를 만들 수 있는 많은 일들을 할 수 있다는 사실을 조목조목 알려 줄 수 있을까? 많은 어른들이 아직도 서로가 적으로 여기고 화해하지 않으려 한다는 속내를 언제까지 들키지 않을 수 있을까? 물론 이미 아이들도 알고 있고 그게 편한 길이라고 생각하는 아이들도 많다. 하지만 그렇다고 해서 학교 친구들조차 적으로 여기는 게 무감해진 아이들에게 평화를 가르치는 것이 무용지물이거나 불가능한 일이라며 침묵하는 것이 과연 옳은 일이겠는가?

그 날 그 거리에서, 나는 우리 자신과 아이들에게 자기 죄의 고백과 속죄, 용서와 화해를 가르치지 않은 것이 초래하게 될 미래에 대한 두려움을 느꼈다. 교육자로서의 부끄러움이 밀려와 그 푯말 앞에서 더는 웃을 수가 없었다.

주말에는 동네사람들과 춤을 추어요 - 베를린 돔 광장에서

금요일 오후 나는 박물관섬을 둘러본 후 베를린 돔 광장에 갔다. 애초에 베를린 돔을

보러갔는데, 그보다는 그 앞에 펼쳐진 장면에 마음을 더욱 빼앗겼다. 주말저녁이어서였는지 광장에 많은 사람들이 모여 있었다. 잔디밭에 가족이나 친구 단위로 자리를 펴고 있는 사람들도 많았고 한쪽에서는 작은 연주회도 열리고 있었다. 선글라스 낀 검은 곱슬머리 독일 남자가 전자키보드를 치며 조용한 발라드 곡을 부르고 있었고 드럼과 어우러진 전자기타 연주가 로맨틱하게 들려 왔다. 울타리도 없는 야외의 간이무대에서 하는 연주라 누구나 무료로 음악을 들을 수 있었다. 그것만으로도 거저 얻은 큰 행복이라고 생각하고 있었는데, 더 놀랍게도 연주단이 세미클래식 같은 왈츠곡을 연주하자, 사람들이 춤을 추기 시작했다. 그 사람들은 연주단 앞에 자연스럽게 몰려들어 음악을 듣던 서로 모르는 사이들이었다. 무대 앞이든, 뒤든, 멀리 떨어진 곳이든 상관없이, 음악이 들리는 곳 어디에서든 사람들이 즉석으로 왈츠를 청해 추기 시작했다. 베이지색 양복과 스카프를 단정히 차려입고 나오신 백발의 신사분이 옆에 있던 어떤 여자에게 정중히 춤을 권했고 그 두 사람은 눈인사와 목례 외에 어떤 대화도 나누지 않고 그저 예의바르고 친절하게 춤을 추었다. 그 커플뿐 아니라 다른 커플들도 연주가 끝나면 가벼운 포옹으로 춤을 끝내고 자리로 돌아갔다.

　　스웨덴 웁살라에 갔을 때, 지금은 신역사가 들어섰지만, 당시의 기차역 바로 옆에 작은 카페가 하나 있었다. 그곳에서는 주기적으로 스웨덴과 유럽 전역, 때로는 아시아계 연주자들을 음악 장르별로 초청해서 공연을 열었다. 마을 사람들은 마을 커뮤니티를 통해 그 카페의 공연스케줄을 확인하고 취향대로 즐기러 갔는데, 웁살라가 워낙 작은 도시인지라 카페에 온 사람들 절반 이상이 모두 서로 아는 사이였다. 공연이 무르익다보면 사람들이 테이블에서 일어나 춤을 추어서 마치 클럽 같은 분위기로 변했는데, 같이 온 일행의 구분이 없어지고 그저 이웃주민 전체의 춤파티가 되었다. 물론 소심한 스웨덴 사람들 성격에 우리처럼 서로 김씨, 이씨 반갑게 부르며 시끌벅적하게 간섭하고 어울리는 것은 아니지만, 이 사람 저 사람 파트너 바꿔가며 사물사물 눈인사에 안부를 챙기는 모습이 정겹기는 마찬가지였다. 뭐 어쨌든 그건 스웨덴 이야기라고 치고 웁살라에 비하면 어마어마한 대도시

인생의 빛

인 베를린에서 모르는 사람끼리 그토록 단정하면서도 친절하게 춤을 추는 건 또 어찌 된 사정인지.

그 광경을 보면서 나는 예상하지 못 했던 또 하나의 문화충격을 받았다. 한국에서는 춤이 불건전하고 은밀하게 여겨지는 것인 반면 그곳에서는 너무나 공공연하고 건전한 시민들 사이의 사귐이었기 때문이다. 물론 반갑게도 요즘 한국에서도 춤에 대한 인식이 많이 개선되고 건전한 대중문화로 확산되고 있다. 그러나 한국 사람들이 베를린 사람들처럼 낯선 이와의 춤을 자연스럽게 받아들이는 것은 아마 아직까지는 역부족이라는 생각이 든다.

귀국 후 나는 대학원 수업시간에 이 이야기를 한 적이 있다. 학생 중 서른 중반의 남학생이 이야기를 다 듣자마자 의아하고 당황스러운 표정으로 이렇게 질문했다.

_"정말요? 아니 그게 가능해?"

제자의 눈과 목소리에는 독일남자들을 포함한 남자 일반의 불건전성을 의심하는 기운이 가득했다. 그럴 만했다. 우리는 그렇게 살아왔으니까. 춤이든, 노래든, 운동이든, 부부 아닌 남녀가 함께 하는 어떤 문화적 행위에도 이웃이나 같은 도시를 살아가는 시민으로서 그리고 낯설지만 같은 인류로서 서로 믿고 사귀는 마음의 여유와 순수한 즐거움은 들어올 틈이 없었다. 성(性)의 개념은 꼭 내 배우자나 연인간의 사적인 소유관계에서 육체적 성행위의 형태로 발산되는 것만을 의미하는 것은 아니다. 성(性)이라는 것은 가장 원초적인 차원의 생명에너지이며 살고자 하는 의지의 발현이다. 그래서 성은 사람을 건강하고 행복하게 살게 하는 어떤 형태의 힘으로든 전환될 수 있다. 그리고 사람 사이에서 자유롭게 만나고 흘러다니고 자리 잡고 꽃을 피운다. 그런데 이 성을 소유할 수 있고 소유해야 하는 것으로 생각하면, 특히 이성적인 사랑의 대상을 자기소유물로 생각하면 그 관계에서는 성이 생명력을 불어 넣어주고 행복하게 하는 자기 역할을 하지 못 한다. 그때의 성은

인생의 빛

생명에너지나 사랑이 아니라 집착과 지배로 변해버린다. 그리고 폭력과 파멸을 낳는다.

　　현대사회에서는 이 성 에너지가 생겨나고 발산되는 것을 이성간의 에로스적 관계로만 국한시키고 그것을 소유의 관점에서 이해하려는 경향이 짙다. 그러나 개인의 본능적 차원의 성의식은 결코 공동체적 관계의 행복감과 본질적으로 떨어져 있는 것이 아니다. 생명에너지는 모두 다 연결되어 있고 그 사이에서 살아 움직이기 때문이다. 따라서 반드시 한 대상의 육체와 정신을 사랑이라는 이름으로 소유하는 방식이 아니더라도, 우리가 자신이 사람들 사이에서 믿음과 사랑을 받는 존재라는 것을 확신할 수 있는 방법은 얼마든지 많다. 공동체 안에서의 인간관계나 문화적 행위들이 그것들이다. 소속감과 동질의식, 안정감과 존중감을 느끼게 하는 문화적 행위를 통해 우리는 본능적인 존재의 결핍감이나 불안의식들을 사회적 차원에서 해소할 수 있다. 특정사회의 이데올로기적 결합을 말하는 것이 아니다. 그저 내 옆에 서로에게 친절하기를 바라는 선한 의지를 가진 사람들이 나와 함께 살아가고 있다는 것을 확인하는 것을 말하는 것이다. 만약 지역마다의 축제와 각종 문화예술 행사가 이런 점을 잘 반영한다면 우리 사회가 신뢰사회로 가는 데 작지만 큰 도움이 될 수 있을 것이다. 친구도 자주 만날 수 없고 멀리 떨어져 사는 가족은 명절에나 만날 수 있을 만큼 일에 매여 사는 우리네 퍽퍽한 현실 속에서 세금 낭비하는 이벤트성 대형 도시축제 말고, 그저 마을 사람들끼리 모두 모여 소박한 음식 나누며 함께 웃고 이야기하며 춤도 추고 모인 김에 마을살이도 돌볼 수 있는 그런 축제가 일상에서 더 많아지면 좋겠다.

SWEDEN

스웨덴

복지선진국형 스웨덴 남자, 천민자본주의형 한국여자 – 스톡홀름 한 건물에서

　스웨덴에 도착한 지 얼마 안 되어, 스웨덴 교포 언니를 따라 어느 건물에 들어간 적이 있었다. 그 건물에는 층마다 다양한 사무실들이 있었는데, 언니가 그 중 한 사무실로 볼 일을 보러 간 사이 2층 로비에서 언니를 기다리게 되었다. 로비 중앙에는 카페처럼 아기자기한 흰 테이블과 폭신한 의자들이 놓여 있었고 한 쪽 벽에는 분위기 있는 작은 유럽형 바(bar)가 있었다. 아무도 없어서 '주인 없는 카페에 이렇게 맘대로 있어도 되나?'하며 조심스러운 표정으로 창밖을 보고 앉아 있었는데, 한 남자가 나타났다. 그는 회갈색 머리카락에 키가 크고 마른 체격이었는데 청바지에 흰 Y셔츠를 깔끔하게 입고 있었다. 그는 미니주방으로 가더니 냉장고 옆 싱크대에 놓인 커피머신의 버튼을 눌렀다. 커피를 기다리는 동안 내내 콧노래를 흥얼거렸는데 기분이 좋아보였다. 그런데 그 남자가 당황스럽게도 내게 성큼성큼 다가와 말을 걸었다.

인생의 빛

_"안녕? 너도 커피 마실래?"
_"어, 어?, ….."

　　상황판단을 미처 못 한 나는 당황한 표정만 짓고 있었다. 그런데 그가 더 다정하게
웃으며 계속 물었다.

_"그럼 초콜릿 먹을래?"
_"어? 어?, ….."
_"흠…, 아이스크림? 아, 너 단 거 안 좋아하는구나. 그럼 …."

　　'어, 어'만 더 하다가는 남자를 난처하게 만들 것 같아 답을 해야겠다고 생각했는데,
익숙하지 않은 상황에서 당황하고 조급했던 터라, 무의식적으로 말이 튀어나와버렸다. 그
런데 그 말이 지금까지도 아무리 생각해도 얼굴이 화끈거리고 후회스럽다. 내 대답은 이
랬다.

_"어…, 어, 그, 그거 공짜야?"

　　남자는 귀엽다는 듯 살짝 웃더니 전보다 더 친절하고 따뜻한 목소리로 당연하다고 대
답하고서는 나를 그 멋진 바로 안내했다. 주방으로 가까이 가보니 사과랑 바나나, 오렌지
등 갖가지 과일이 바구니 한가득 쌓여 있었고, 냉장고 안에는 소시지며 치즈, 샌드위치도
들어 있었다. 그는 내게 권했던 것을 모두 꺼내주며, 녹으니까 아이스크림부터 먹으라고
했다. 그걸 다 먹을 때까지 그는 나와 마주 앉아서 이야기를 나눠주었다. 들은 바로, 그 바
는 그 건물 전체의 사람들이 공유하는 주방이란다. 직원이든 손님이든 누구나 원하는 대로

이용할 수 있고, 특히 직원들은 수면실과 사우나, 마사지실까지 있어서 출퇴근길이나, 근무 중 언제든 피로를 풀고 다시 일할 수 있다고 했다.

그날 스웨덴에 살던 그 남자와 한국에서 온, '나'라는 여자와의 만남은 내게는 마치 수성과 명왕성이 충돌하는 듯한 경험이었다. 그 우연한 만남에서 사람들이 얼마나 다른 세계에서 살고 있는지 그리고 그 세계의 차이가 얼마나 클 수 있는지를 실감했기 때문이다. 어려서부터 낯선 사람이 주는 건 절대 받아먹어서는 안 된다고 교육받은 탓이었을까? 아니면, 그 때 당시 한국에서 떠돌던, 낯선 이가 주는 친절한 음식에 얽힌 각종 강력범죄와 괴담에 대한 공포심 때문이었을까? 아니, 그런 것들 때문이 아니었다. 돈을 내지 않으면 먹을 수 없다고, 자기가 먹은 것은 반드시 돈을 내는 것이 양심이고 도덕이라고 배워 온 신념 때문이었던 것 같다. 물론 그것이 다 그르다는 얘기가 아니다. 그날 내가 나 자신에게 창피했던 것은, 그 남자의 순수하고 친절했던 호의가 전혀 의심스럽지 않았음에도 불구하고, 왜 나도 모르게, 하필 그 '공짜야'라는 말 외에 아무것도 생각나지 않았냐는 것이다. 나는 그와의 만남이 다름 아닌, 누구든 거둬 먹이는 것이 미덕인 복지 선진국형 인간과 돈이 미덕인 천민자본주의형 인간의 만남이었다고 생각한다.

그는 내게, 인간의 품위와 행복에 대해 생각하게 해 주었다. 인간의 품위는 모든 사물들이 화폐가치로 환산되기 이전 상태에서 지니는 존재 이유와 쓰임들을 볼 줄 아는 데에서 자라기 시작한다. 그리고 그것들이 화폐가치로 환산된 후에도 그 원래의 가치를 존중하고 즐길 줄 아는 데서 행복으로 완성된다. 애초에 자연과 인간, 인간과 인간이 친구가 되는 데 돈은 필요한 것이 아니었다.

그를 만나기 전에 나는 한국에서 돈이 여유있게 있지 않으면 불안했고 행복할 새가 없다고 생각했었다. 귀국한 후 내 달라진 모습 중에 주변사람들이 제일 의아해 하는 부분인데, 물론 돈이 없기 때문에 행복한 것은 아니지만, 나는 나조차 신기하게도 돈이 많이 부족해도 불안하거나 삶이 불행하게 느껴지지 않게 되었다. 주변을 보면 돈으로는 절대 만

인생의 빛

들 수 없는 행복한 것들이 무수히 많다. 그런 것들은 기계적인 수치나 화폐단위로 환산될 수 없고 환산되어서도 안 되는 것들이다.

깨끗한 공기, 맑은 물, 시원한 바람, 찬란한 태양, 사랑하는 사람들 … 인간이 행복해지는 데 이 이상 더 필요한 것은 없다. 인간의 삶은 이것만으로 이미 완전하다.

공원에서 속옷차림의 사람들을 보아도 놀라지 마세요 – 스톡홀름 공원에서

한여름 스톡홀름 도심을 다니다 보면 상가나 주택가 사이사이에 있는 작은 공원에서 벌거벗고 누워 있는 사람들을 쉽게 볼 수 있었다. 해변가도 아닌데 비키니 차림을 한 여자들도 많았고 삼각팬티 바람에 달랑 선글라스 하나만 쓴 채 정면으로 혼자 누워있는 남자들도 많았다. 몸매 좋은 사람들만 그러는 것도 아니었다. 뱃살 두둑한 중년 아주머니들이 나무그늘 밑에 돗자리를 깔고 입고 있던 옷을 그냥 벗어 놓고는 후줄근한 면속옷 차림으로 수다를 떨며 앉아 있는 광경도 자주 보았다.

그게 다 스웨덴에는 겨울에 해가 보이지 않기 때문이다. 스웨덴은 겨울에 매일 오전 10시 반이나 11시쯤 되면 검푸름허니 이제 좀 날이 밝으려나 싶다가 12시에서 2시 사이 어두운 기가 조금 가신다. 그러다 3시가 넘어가면 영락없이 밤이 된다. 웁살라에서 겨울을 나면서 환한 햇빛이라고는 일주일 동안 10분씩 두 번 본 게 전부였는데 그 어두웠던 날들을 잊을 수가 없다. 날씨 때문에 스웨덴 사람들이 겨울에 자살을 많이 한다는 걸 그때 이해할 수 있었다. 또 학교에서 수업을 하다가도 해가 뜨면 밖에서 못 들어오도록 건물 문을 다 잠그고 아이들을 야외로 내보낸다는 이야기에도 고개가 끄덕여졌다.

긴 겨울을 그토록 빛 없이 나야 하기 때문에 스웨덴 사람들은 여름철 내내 밖에서 활동한다. 백야라 수면장애를 겪는 사람들도 있지만 새벽 두 세 시에도 요트를 즐기는 사람

들이 더 많은 것 같았다. 그러니 낮에 속옷차림으로 공공장소에 누워 있는 것은 인지상정이라는 생각이 들었다. 그것도 모르고 '어머, 이게 웬일이니?'하며 혼자 민망해 하면서 여기저기 눈동자 굴렸던 게 지금도 생각하면 미안해진다. 햇빛 많은 나라에 사는 것도 정말 감사한 일이다.

엉덩이를 내 놓고 걸어도 괜찮더라 - 스톡홀름 감라스탄 거리에서

　스톡홀름 중앙역 근처에 감라스탄 지구가 있다. 그곳은 구시가지와 신시가지로 나뉘는데, 구시가지 거리에 가면 골목마다 전통적인 옛 건물들에 각종 기념품 가게와 레스토랑들이 아기자기하게 들어 차 있고 큰 길 건너 신시가지에는 백화점을 시작으로 현대식 쇼핑몰과 레스토랑들이 거리 양쪽으로 길게 늘어서 있다. 도심 한복판인데다 스톡홀름의 대표적인 관광지라 감라스탄에는 늘 사람들이 많았다.
　그 날은 스웨덴에 도착한 지 한 달이 채 안 되었던 어느 여름날, 점심시간이었다. 일직선으로 길고 넓게 난 신시가지의 레스토랑 거리에 관광객들이 많이 지나다니고 있었고 길 양쪽의 레스토랑 야외테이블에는 손님들이 꽉 차있었다. 나는 아주 천천히 걸으면서 사람들의 표정을 구경했다. 대부분 차분하고 조용조용한 편이었고 찌들어 보이는 얼굴이 없었다. 그런데 그렇게 평화롭기만 한 거리를 한참 걷다가 독특한 한 청년을 발견했다. 그는 190cm쯤 되어 보이는 큰 키에 깡마른 몸매로 메두사같이 갈래갈래 꼰 머리를 흔들거리며 귀에는 이어폰을 꽂고 바지주머니에 두 손을 찔러 넣은 채 자기 목소리가 얼마나 큰지 전혀 모르는 척하며 거리가 떠나도록 노래를 부르며 걷고 있었다. 빠른 걸음으로 그의 뒤에 가까이 다가갔을 때, 나는 너무 놀라 만화 캐릭터처럼 눈이 1m는 튀어나오는 줄 알았다. 어느 집 옥상의 야외 샤워장에서 그 집 아저씨가 콧노래를 부르며 샤워하는 모습을 보게

되었을 때도, 호숫가 통나무로 지어진 사우나실에서 같이 있던 남자가 이제 수영을 할 순서라며 내 눈 앞에서 전라로 호수까지 유유자적 걸어갈 때도 나는 그렇게까지는 놀라지 않았다. 그는 그만의 치명적인 무기를 장착하고 나왔다. 엉덩이 양쪽 부분의 청바지를 ㄱ자로 잘라서 바깥쪽으로 접어 내린 것이었다. 당시 유럽 청년들 사이에 골반바지를 허리선보다 속옷선을 더 높게 해서 속옷 회사 이름이 보이게 하고 다니는 것이 유행이었는데 나는 그 청년이 속옷 로고를 남다르게 보이고 싶어서 그런 줄 알고 엉덩이 어딘가에 있을 글씨를 찾았다. 하지만 글씨는 없었다. 오직 하얗디하얀 그의 맨살만이 그의 발걸음에 맞추어 살짝씩 출렁거렸다. 그는 몇 백 미터나 되는 그 긴 거리를 그렇게 충실하게 걸어갔다.

그런데 나는 멀어져 가는 그를 멍하니 바라보다가 한 번 더 놀랐다. 그 거리의 많은 사람들이 그를 보고 별로 놀라지 않았기 때문이었다. 그의 맨 엉덩이를 힐끔거리거나 멀리서 손가락질을 하거나 또는 수군대거나 나처럼 멈춰 서서 보는 사람도 없었다. 그저 그의 고성방가 소리에 반사적으로 한 번씩 쳐다볼 뿐, 그의 엉덩이에는 놀라는 눈치가 아니었다. 워낙 겨울철 일조량이 부족한 탓에 여름철 누드와 일광욕을 생존의 문제로 자연스럽게 여긴다고는 하지만, 그런 이유에서만은 아닌 것 같았다. 다른 사람이 무엇을 하든 그것은 그 사람의 자유인 것이다. 자기에게 직접적인 해가 되거나 공동의 행복을 침해하는 경우를 제외하면 스웨덴 사람들은 웬만해서 남의 일에 관심을 두지 않고 평가나 간섭도 하지 않는다.

그 겨울 12월, 프랑스에 갔을 때, 프랑스 사람들은 거리에서 큰 일을 보아도 아무도 뭐라 하지 않을 정도로 개인의 자유를 존중한다는 우스갯소리를 시험해 보고 싶었다. 그래서 감라스탄 거리의 그 청년을 떠올리며 차가운 겨울아침, 루브르 박물관 옆, 강 위의 다리 한복판에 서 있었다. 출근길로 바쁜 사람들 틈에서 큰 소리로 노래를 부르며 종이봉투에 든 닭국물을 마셨다. 그때 파리 사람들은 이상할 정도로 나를 쳐다보지 않았다. 거의 태풍수준이었던 강바람에 날려 머리카락이 닭국물에 엉기는 바람에 나는 그냥 다리 위에

인생의 빛

서 혼자 약간 추접해 보이는 인간이 되었을 뿐이었다. 나를 지나치던 파리 사람들에게는 그저 있는지 없는지도 모르게 제멋대로 하루를 사는 주변인이었나 보다.

그 두 사건에 대한 내 결론은 이랬다. 아무도 안 본다. 본 들 큰 일 나지 않는다. 남에게 해가 되고 폐 끼치는 일만 아니면, 스스로 주눅 들고 눈치 볼 필요 없다. 서로 좀 봐주면서 있는 그대로, 하고 싶은 대로 살아도 괜찮다.

부모님에 대한 그리움보다 집밥에 대한 허기가 더 강하다
  - 스톡홀름 회토리예트 광장에서

한국을 떠난 지 세 달이 넘어갈 즈음이었던 것 같다. 스톡홀름 시내 중심부에 회토리예트라는 광장이 있는데 그곳에는 매일 싱싱한 꽃과 야채, 과일 등을 파는 장이 섰다. 광장 옆 쇼핑건물 지하에 고기와 소시지 같은 육류를 파는 곳도 있었고 지금도 있는지 모르겠지만 일본아저씨가 운영하는 꽤 괜찮은 초밥집도 있었다. 또 워낙 중심가다보니 광장 주변에 나라별로 다양한 음식점들도 많았고 현대식 쇼핑몰도 있어서 젊은이들이 많이 모여 늘 활기찬 분위기를 느낄 수 있었다. 특히 노벨상을 수상하기도 하는 콘서트홀 앞에는 오르페우스의 분수라는 멋진 청동 조각상이 있는데 사람들이 그 주변에 앉아서 샌드위치로 간단히 점심을 먹기도 하고 약속장소로도 많이 이용해서, 콘서트홀 입구 계단에 앉아 있으면 혼자여도 심심하지가 않았다.

그곳에서 어느 햇살 좋은 날 오후, 나는 그 청동 조각상 밑에 앉아서 희영언니를 기다리고 있었다. 처음에는 아무 생각 없이 앉아 있었는데 약속시간보다 일찍 나가서인지 시간이 지나면서 이런저런 잡생각이 들기 시작했다. 그런데 그 잡생각이라는 게 별다른 게 아니라, 오로지 집밥에 대한 것들뿐이었다. 눈 앞 장터에 싱싱한 먹거리들이 즐비해도 하

나도 눈에 들어오지 않았다. 오직, 엄마가 끓여준 된장찌개, 파절이 듬뿍 얹어 깻잎에 싼 삼겹살, 매콤한 고등어조림, 떡볶이, 열무비빔밥, 김치전 뭐 한국 사람들이 매일 지겹도록 먹는 이런 흔한 집밥 메뉴가 잔인할 정도로 선명하게 떠올랐다.

그때보다 아주 오래전에 7일 동안 단식을 한 적이 있었는데 그때도 같은 현상이 있었지만 그날처럼 서러운 정도는 아니었다. 어찌나 서러웠는지 희영언니가 나타났을 때 급기야 눈물까지 그렁였다.

_"유니야, 얼굴이 왜 이래? 어디 아파?"
_"아니, 안 아파."
_"그럼, 누구랑 싸웠어?"
_"아니, 그냥 집에 가고 싶어."
_"왜, 엄마 보고 싶어?"
_"아니."
_"그럼, 아빠 보고 싶구나? 너 아빠를 더 좋아하잖아."
_"아니, 아니야."

꾸역꾸역 울먹이며 대답하다가 나는 끝내 어린애처럼 울음을 터뜨리고 말았다.

_"엉엉, 내가 애야? 엄마 아빠 보고 싶다고 울게?
_"그럼 뭔데?"
_"밥이 먹고 싶은 거라구. 엄마가 해 준 집밥."

언니는 어이없고 귀엽다는 듯 나를 보고 웃었지만, 그때 내가 얼마나 집밥의 그리움에 사무쳤는지 짐작하지 못했을 거다. 그래도 정 많은 희영언니는 그날 저녁, 날 위해 매콤한 낙지볶음을 해 주었다. 낙지볶음은 한국식료품 가게가 한 군데밖에 없어서 스톡홀름에서는 언제든 해 먹을 수 있는 메뉴가 아니었다. 물론 그 이후에도 자다가 일어나서 고추장을 아이스크림 떠먹듯 먹고 잔 날들이 많았지만 그래도 그렇게 엄마처럼 돌봐준 희영언니 덕에 스웨덴 생활의 허기를 달랠 수 있었다.

마음이 느끼는 것, 그대로가 진실이다 – 스톡홀름행 기차안에서

어느 가을날 밤, 전철을 타고 스톡홀름 외곽에서 시내로 가는 길이었다. 스웨덴 전철의 좌석은 기차처럼 마주보고 앉도록 되어 있는데 나는 창가에 앉은 할머니 곁에 자리를 잡았다. 눈인사 한 번 나누고 나란히 앉아 몇 정거장 지났는데 두 청년이 할머니와 내 앞에 와서 앉았다. 두 청년은 모두 민머리였고 가죽자켓을 입었는데 한 명은 상남자 분위기가 났고 다른 한 명은 꽃미남 분위기가 났다.

둘은 자리에 앉자마자 서로 손깍지를 꼬옥 낀 채 두 눈을 마주보며 주거니 받거니 뭐라뭐라 속삭였다. 눈치로는 두 사람이 어떤 사정으로 당분간 헤어져 있어야 하는 상황같았다. 애절한 눈빛과 말투로 그렇게 몇 정거장 지났는데 조급한 듯 둘은 급기야 꼭 껴안고 깊은 입맞춤을 나누기 시작했다. 다음 정거장이 돼서야 둘의 애정행각은 끝났고, 내리려고 일어서는 그들의 눈에는 눈물이 그렁그렁 맺혀 있었다.

그 두 사람이 할머니와 나를 전혀 개의치 않는데도 나는 괜히 혼자 어색해서 창밖만 보고 있었다. 그리고 그들이 내리자마자 옆자리의 할머니와 눈이 마주쳤는데 나는 할머니의 표정이 궁금했고 할머니는 내게 무언가를 말하려 하셨던 것 같았다. 할머니의 얼굴은 이제 막 무언가에 감동을 받은 듯 상기되어 있었다. 마치 애잔한 사랑영화의 엔딩자막을

올려다보는 사람처럼. 잔잔하게 웃으시며 내게 스웨덴 말로 뭐라고 하셨는데 내가 못 알아
드니 금새 영어로 말씀해 주셨다.

_"아름답지 않아요?"

　　나는 그냥 고개를 끄덕이며 웃어보였다. 아름다울 것까지는 없었지만, 보고 있을수록
그 두 사람이 게이라는 사실이나 애정행각이 주는 특별한 느낌보다는 그 둘 사이에 흐르
는 애절함에 나도 모르게 전이되어 있었기 때문이었다. 다시 생각해보니, 그들을 보는 내
내 나는 '아, 어디 멀리 가는 건가? 정말 많이 사랑하나보다'라는 생각을 더 많이 했었다.
하지만 근거 없는 불편함과 당혹스러움도 함께 느꼈는데 다시 생각해보니 그렇게 느끼도
록 길들여진 습관 때문이었다는 생각이 든다. 그 두 사람이 이성커플이었다면 아마 나는
할머니의 질문에 주저 없이 그렇다고 대답했을 것이다. 사랑하는 사람들이 서로를 쓰다듬
으며 다시 만날 때까지 안녕을 비는 장면은 원래 아름다운 것이니까.
　　한국에서 나름 개방적인 사고를 가지고 있다고 자부했지만, 할머니의 한 마디에 나는
감정과 분리되어 있던 내 의식을 확인할 수 있었다. 논리와 지식만으로 다른 사람들을 인
정하는 것은 그런 사람들을 다르게 보지 않고 자연스럽게 함께 사는 사회에서 자란 사람
들에 비할 수 없는 것이다.
　　나는 이 이야기를 통해 성소수자들의 인권보장이나 성적 표현의 자유를 주장하려는
게 아니다. 무수히 다른 사람들과 그들의 다른 삶의 모습들을 보면서 우리는 무엇이 옳고
그른지를 판단하려 하는데, 그것에 대해 내가 할머니에게 받은 지혜를 말하려는 것이다.
그것은 아주 단순한 것이다. 그날 할머니는 내게 진심과 상관없이 이래야 하거나 저래야
하는 현실은 현실이 아니라는 것을 확신하게 해 주셨다. 그것은 그저 저마다의 이데올로기
다. 태어난 그대로, 사는 모습 그대로에 대해 마음이 진실하게 느끼는 것, 그 자체가 바로

인생의 빛

현실이다. 그 날 할머니 앞에 펼쳐졌던 현실은 분명 아름다운 것이었다. 할머니의 진심이 그렇게 느꼈기 때문이다. 그러나 그 똑같은 장면이 내게는 전혀 아름답지 않고 혼란스러운 현실이었다. 분명 그들에게서 사랑이 느껴졌는데 아름답다고 해서는 안 될 것 같았다. 이데올로기에 의해 습관화된 정서가 진심을 덮고 있었기 때문이었다.

현실은 진심이 만드는 것이다. 따라서 세상에 현실을 판단하고 해석하는 수많은 이데올로기들이 있지만, 자기들만의 생각으로 인종이든, 성이든, 종교든 자기와 다른 타인을 상하게 하면 안 된다는 것을 제외하고, 인류가 절대적으로 추구하거나 서로에게 강요해야 할 이데올로기는 어디에도 없다.

사랑에는 일반적 기준이 없다 – 스톡홀름 호수의 다리 위 한 쌍의 연인을 보며

어느 여름 날 오후, 마트에 갈 일이 있어 집을 나섰다. 집 앞에 흐르는 작은 호숫길을 따라 20분 남짓 걸어가면 마트가 있었는데, 호숫길에는 간간히 낭만소설에 묘사되는 듯한 로맨틱한 분위기의 다리가 몇 개 있었다. 그 중 집에서부터 두어 번째쯤 되는 다리였던 것 같다. 다리 한 가운데에서 한 커플이 낮에 보기에는 다소 과한 애정행각을 펼치고 있었다. 그런데 여자는 대략 90~100kg 정도 돼보였고 키도 컸다. 반면 남자는 피노키오처럼 마르고 왜소한 체격이었다. 그런 경우, 한국 사람들은 대부분 '여자가 돈이 많거나, 남자가 의외로 힘이 센가 보구면. 허허' 하며 농담을 하는 경우가 많다. 나 역시 그런가보다 했다. 그리고는 금새 그 커플들이 서 있던 다리 밑으로 요트가 지나가는 바람에 그 요트를 구경하다가 그 커플을 잊어버렸다.

그런데 마트에서도 아이쇼핑까지 천천히 즐기고 돌아오는데 그 커플이 그때까지도 다리 위에 있었다. 아까 하던 일도 계속하면서. 천천히 걸으며 슬쩍 다시 보니, 둘의 눈빛

이 진실했다. '저, 정말 사랑하나봐.' 나는 감동받았다.

　　며칠 뒤, 스웨덴 친구에게 흔치 않은 진정한 커플을 보았다며 너무 아름다웠다고 호들갑을 떨면서 그 날 일을 얘기했다. 나와 같은 기분으로 맞장구를 쳐줄 알았던 그 친구의 반응은 예상 밖이었다.

_"유니, 너 원래 그렇게 오버액션 잘 해?"
_"엥?"
_"그냥 남녀가 사랑하는 게 그렇게까지 감동할 일이야? 그 사람들이 어때서?"
_"그럴 만하지. 그 사람들 그냥 일반적인 커플이 아니잖아."
_"니네 나라엔 사랑에 일반이 있어?"
_"그럼, 우리는 사람들이 일반적으로 얼굴, 몸매, 재력 ⋯."

　　'아뿔사! 그래 우리에겐 그러그러한 사랑의 일반적 기준이 있었구나.' 솔직한 것 하나만큼은 자부심을 갖고 살았는데 그때는 본의 아니게 말을 흐리게 되었다. 멋쩍은 상황을 넘겨보려고 나는 그냥 '히'하고 웃으며 되물었다.

_"너희는 연애할 때 주로 뭘 보는데?"

　　어디나 속물근성은 있기 마련 아니냐는 얘기가 나올 법도 해서 꺼낸 얘긴데, 그 스웨덴 친구, 그것도 남자였던 그의 대답은 예상 밖이었다.

_"우린, 퍼스낼러티(personality)를 제일 먼저 봐. 나랑 맞는 사람인지, 같이 해서 더 행복할 수 있는 사람인지가 제일 중요하잖아."

_"정말? 그거면 다야?"

_"그럴리가. 그 다음에 비로소 가슴, 엉덩이 순서로 보는 거지. 하하하"

물론 모두가 그런 것은 아니지만, 연예인같이 예쁜 얼굴의 젊은 여자들을 무조건 0순위로 선망하는 대부분의 한국남자들에게서 들어본 적 없는 답변이었다. 퍼스낼러티의 사전적 의미는 절대 일반적일 수 없는 개인의 성격, 인격, 개성, 독특한 분위기 등인데, 스웨덴 남자들은 그게 제일 중요하단다. 얼굴은 순위에도 없었다. 그러니 그는 당연히 내가 본 다리 위 커플을 특별하게 여길 리 없었다. 체격뿐이랴. 적어도 내가 만난 스웨덴 사람들은 우리가 교과서적으로만 알고 있는 나이, 국적, 직업, 학력, 언어, 문화, 인종 등의 차이도 문제시 하지 않았다. 그러니 그들의 사랑에는 일반기준이라는 것이 정말 없는 것이다.

성형공화국에서는 얼굴만 성형되고 있는 것이 아니다
- 스웨덴 중년남들과의 파티에서

어느 날 파티에서 만난 지인의 친구인 40대 초반의 한 스웨덴 남자가 내게 물었다. 그는 종로를 알고 있었다.

_"서울에 가면 쩽로(종로) 거리에 여자들 얼굴이 다 똑같다며?"

_"무슨 말이야?"

_"한국 성형수술 최고잖아. 여자들이 얼굴 수술 그렇게 많이 한다며. 난 한국 다녀온 친구들한테 그런 얘기 들을 때마다, 어렸을 때 보던 공상과학 영화가 생각나. 미국드라마였는데, 미래에 우주의 여러 별들을 탐험하는 얘기였어. 한번은 주인공이 어느 별에 갔는데 사람들이 전부 다 가면을 쓰고 사는 거야. 그 별의 지도자만 빼고 누구도 절대 가

면을 벗지 않는 거지. 주인공이 그 별을 떠날 때 제발 가면을 한 번만 벗어봐 주면 안 되겠냐고 부탁해서 사람들이 가면을 동시에 벗었는데, 와우~ 이건 뭐, 사람들 얼굴이 완전히 다 똑같은 거 있지. 그 지도자가 우리별 사람들은 얼굴이 다 똑같다. 가면을 쓰지 않으면 어떻게 살 수 있겠냐면서 끝이 났어. 재미있지 않아? 와우! 나 쫑로에 정말 한번 가보고 싶어."

대부분의 서양남자들은 '동양여자들 중에서 한국 여자들이 제일 예쁘다. 성격도 한·중·일 3국 중에 제일 쿨하더라.' 한국여자에 칭찬과 선망을 늘어놓는 것이 다반사였다. 물론, 국가별 구분보다는 개인차로 보는 것이 더 객관적이지만, 내 눈에도 한국여자들이 비교적 예뻐 보이는 건 사실이었다. 한국여자들에게는 토양, 기후, 섭생 등 자연환경이나 문화적 생활양식들에 의해 오랜 세월을 흐르며 만들어진 고유의 균형 잘 잡힌 이목구비와 뽀얀 피부결, 단아하고 밝은 낯빛이 있다. 그래서 나는 유럽 어디를 가도 붐비는 각국 관광객들 틈에서 한국 여자들을 한눈에 알아볼 수 있었다. 이상하게도 나를 포함해서 한국 사람들은 외국 관광지에서 서로를 반가워하지 않는 경향이 있는 듯 했는데, 그래도 한 눈에 띄는 예쁜 우리 한국 여자들을 스칠 때만큼은 기분이 좋았다.

그래서 내심, 자부심을 갖고 있었는데 그가 찬물이 끼얹은 것이다. 하지만, 나도 몇 번이나 강남 카페 안에서 여자들의 얼굴이 다 비슷한 걸 보았을 때의 느낌이 떠올라 순간 뭐라 변명을 할 수가 없었다. 그래도 내 느낌은 그 스웨덴 남자와는 다른 것이었다. 좋은 게 좋아서 하는 경우도 있지만, 울며 겨자 먹기로 성형을 하는 경우도 많기 때문이다. 취업필살기로 하는 경우도 있고, 시집이라도 잘 보내려는 안타까운 부모마음에 하게 되는 경우도 있고, 내면의 아름다움을 몰라주는 사회에 져서 억하심정으로 하는 경우도 있다. 하지만 그 복잡한 속내들을 스웨덴에 사는 그가 어떻게 이해하겠나 싶어 설명할 엄두가 나지 않았다. 그저, 왠지 모르게 빈정이 상하고 팔이 안으로 굽으면서 그 남자가 얄밉기만 했다. 그래서 살짝 골려주었다.

_"어. 우리 최고지. 얼굴만 잘 고치는 게 아니야. 팔뚝살, 뱃살, 허벅지살, 가슴, 엉덩이, 뭐 미세한 볼살 근육에, 영어 잘 하라고 혓바닥 길이 늘이는 것까지 다 마음대로 할 수 있어. 중국이고 유럽이고 세계 여자들이 우리나라에 얼굴 고치러 다들 오는데 몰랐어? 스웨덴은 너무 멀어서 그런가, 너희 나라 여자들은 아직 별로 없는 것 같더라. 뭐, 너 어디 손 보고 싶은 데 있으면 얘기해."

"그리고 뭘 알고 얘기했으면 좋겠는데, 종로 아니거든, 강남에 더 많아."

"하나 더. 쫑로 아니죠. 종로죠. 따라해 봐. 종로."

그날 밤 나는 잠들기 전에 생각했다. '그 별 사람들 참 답답하네. 이름표 달면 되잖아. 목소리도 다를 테고. 성격이나 하는 짓은 더 확연히 다른데 구별 못할 이유가 뭐야? 그런 스토리는 다 사람의 가치를 얼굴 하나로만 판단하는 데서 나온 유치한 발상이야. 각기 다 다른 자기 마음씨를 지키면 간단한 것을.' 그날 밤 나는, 세상의 모든 사람들이 타고난 생각과 행동이 다르다는 것이 그렇게 다행으로 느껴질 수가 없었다.

'엇! 그런데 사람들의 각기 다른 그 마음씨들이 그 별나라 사람들 얼굴처럼 다 똑같아진다면 어떻게 되는 거지? 꼬리를 문 질문에 잠이 들다 말고 화들짝 눈이 떠졌다. 그 많은 사람들이 같은 사회에 모여 살면서 어떤 분야에서든 똑같은 한 가지만을 원한다면 사람들 사이에 무슨 일이 벌어질까? 사람들이 다 같이 바라는 그 한 가지가 영화 속 그 별의 지도자처럼 단 하나의 최상의 것이라면 사태는 더욱 심각할 것이다. 한 사람만 들어갈 수 있는 문에 전체가 몰려드는 꼴이 벌어지게 될 것 아닌가. 그 속에서 자기 자신이 아니라, 모두가 되고자 하는 똑같은 다른 무엇이 되기 위해 사람들이 무엇보다 재빠르게 갖추어야 할 가장 강력한 무기는 자기 고유의 마음씨를 제거하는 일일 것이다. 완전히 제거할수록 좋다. 자기 고유의 얼굴 또한 오히려 장애가 된다. 결과는 압사당하거나 튕겨 나와 내던져

지는 것이다. 얼굴이 모두 똑같은 것보다 더 무서운 일이다. 정말 그런 사회가 있나 떠올려 보았다. 공상 드라마 속 얘기가 아니었다.

오래된 물건일수록 그립고 따뜻한 이야기가 스며 있다 - 웁살라 옌스네 집에서

웁살라에 옌스라는 친구가 살고 있었다. 옌스는 마르고 큰 키의 전형적인 스웨덴 남자의 체형은 아니었지만 이목구비며 분위기, 특히 사고방식과 생활양식에서는 누구보다도 전통적인 스웨덴 사람이었다. 물론 개인적인 성향이나 가정환경에 의한 영향도 크기 때문에 그의 사고와 생활방식이 온전히 스웨덴 전통에 의해서만 만들어진 것이라고 할 수는 없을 것이다. 어쨌든, 옌스에게 저녁식사 초대를 받은 날, 나는 그를 통해 스웨덴 사람들의 사물을 보는 시각을 엿볼 수 있었다.

약속시간에 도착했을 때, 옌스는 주방에서 요리를 하고 있었다. 아무리 양성이 평등한 나라라지만 마흔 초반의 남자가 혼자서 손님접대 요리를 뚝딱 해 내는 것은 생각보다 쉽지 않은 경우이다. 그래서 도와주려고 손을 씻고 그의 옆에 섰는데, 그가 들고 있는 프라이팬을 보고 깜짝 놀라 나는 그만 웃음이 났다. 중세영화에서나 볼 법한 시커먼 무쇠 프라이팬이었는데 두께가 적어도 3cm는 돼 보였고 바닥에 코팅이 되어 있다거나 손잡이에 열전도 방지처리가 되어 있지도 않았다. 그 프라이팬에 채소를 열심히 볶고 있던 옌스에게 나는 살짝 놀리듯 물어보았다.

_"옌스, 너, 프라이팬으로 운동도 하니?"

옌스는 질문을 이해하지 못 하고 무슨 뜻이냐며 내게 되물었다.

인생의 빛

_"아니, 프라이팬이 너무 무겁잖아. 웬만하면 좀 버리고 하나 사는 게 어때?"
_"무겁다고 버려? 이거 아직 잘 되. 우리 증조할머니 때부터 쓰시던 건데…."

가만히 들여다보니, 그 거친 무쇠의 표면에 맨들맨들한 윤기가 조르르 흘렀다. 긴 세월 자연적으로 기름막이 생긴 것일까? 옌스는 기름을 더 붓지 않고도 채소에 연이어 달걀 프라이를 손목 스냅만으로 매끈하게 뒤집었다.

_"와우, 머, 머, 멋있다. 브라보"

옌스는 내 찬사와 박수에 자랑스럽게 '봤지?' 하는 표정으로 두 눈썹과 오른쪽 어깨를 으쓱 치켜올렸다.
그 프라이팬 때문에 저녁식사를 하는 내내 우리는 옌스네 할머니에 대해 이야기를 나누게 되었다. 그 프라이팬에 얽힌 코흘리개 옌스와 할머니와의 정감어린 사연들은 우리네 정서와 다를 게 없었다.
그렇게 저녁식사가 끝나고 옌스가 내게 자전거로 마을 구경을 하자고 권했다. 웁살라는 세계적으로 훌륭한 대학도시이기는 하지만, 그 명성의 크기에 비해 마을 중심부가 자전거로 돌아보기에 충분할 만큼 아기자기하고 아담하다. 뿐만 아니라, 자전거 이용률이 스톡홀름보다도 매우 높아 거의 전 시민들이 자전거를 타고 다닌다고 해도 과언이 아니다. 게다가 옌스네 동네는 높은 빌딩 없이 4, 5층의 아담하고 깔끔한 건물들이 작고 큰 냇물들을 끼고 옹기종기 모여 있는 곳이었는데, 가을아침 냇가를 따라 산책길을 걸으면 맑은 공기와 노랗게 물든 큰 아름드리나무들, 그리고 멀지도 가깝지도 않게 올려다 보이던 웁살라대학의 첨탑이 몽환적인 환희를 느낄 수 있어서 밤에 자전거를 타기에 더없이 아름다운 곳이었다.

인생의 빛

그렇지만 그 날은 겨울밤이었다. 스웨덴의 겨울은 현지인들에게조차 두려운 대상이다. 10월 셋째 주 정도부터 다음해 4월초 정도까지 해를 거의 볼 수 없기 때문이다. 그런데다 9,200여 개나 되는 호수 때문에 겨울 내내 짙은 안개가 마을 전체를 감싸는데 그냥 어둡고 음산한 안개 속에서 겨울을 난다고 보면 된다. 옌스는 스웨덴 사람들이 그런 날씨를 '살인자 날씨'라고 부른다고 했다. 실제로 스웨덴에서는 그런 날씨 때문에 겨울에 자살하는 사람이 많다는 이야기도 해 주었다. 그래서 스웨덴 사람들은 눈이 오면 유독 좋아한단다. 따뜻한 기온보다 하얀 눈이 반사되어 세상이 조금이라도 환해지는 것이 더 반갑기 때문이란다. 그러니 겨울밤 날씨는 어떻겠는가.

그런 겨울 밤, 나는 아무것도 모르고 자전거 산책이란 말에 마냥 좋아했었다. 옌스가 창고에서 여분의 자전거가 있다며 내가 탈 자전거를 꺼내왔다. 얼마나 오래되었는지 너무 낡고 투박해서 어렸을 때 보았던 쌀집 아저씨의 자전거가 떠올랐다. 당연히 멀쩡하지 않았고 고장 난 곳을 고치느라 한 시간 반이나 걸렸다. 추운 뒷마당에서 그 볼품없는 자전거가 수리되기를 한 시간 넘게 기다리고 있자니 인내심이 점점 말라갔다. 마을 구경 따위 필요 없다고 말하고 싶었지만 너무 열심히 고치고 있는 옌스의 모습이 안쓰러워서 차마 그럴 수가 없었다. 대신 그에게 또 물었다.

_"옌스, 그거 엄청 오래돼 보이는데 좀 버리지 그래?"
_"뭐? 또 버려? 너 버려걸이야? 멀쩡한 걸 왜 다 버리래? 이거 우리 아빠가 서른 살부터
　타시던 거야. 조금만 손보면 돼."

'서른 살'을 말할 때 옌스는 아까 할머니 프라이팬을 들고 그랬던 것처럼, 자랑스럽다는 듯 또 눈썹과 어깨를 또 으쓱였다. 가만히 기다릴 걸 괜히 버리라는 소리를 해서 버려걸이라는 별명을 얻었지만, 그 덕에 내가 얼마나 잘 버리는 인간인지 깨달았다.

어쨌든 오래 걸리긴 했지만 옌스는 자전거를 잘 고쳤고 내 짧은 다리길이에 맞게 안장도 낮춰주었다. 타보니 정말 튼튼하고 안정감이 느껴지는 좋은 자전거였다. 추위도, 축축한 습기도 잊고 나는 금새 어린아이처럼 다시 신이 났다. 옌스가 자기 자전거를 끌고 나오는 동안 나는 기다리지도 않고 쏜살같이 먼저 뒷마당을 빠져나갔다. 10시가 넘은 웁살라의 늦은 겨울밤 거리에는 사람이 없었다. 느낌상 약 50m 정도 앞까지만 희미하게 보이는 밤안개 속에서 우리를 반겨주는 것은 노을처럼 번지던 가로등 불빛뿐이었다. 그 촉촉한 안개불빛 때문에 나는 그 밤이 전혀 살인적으로 느껴지지 않았다. 마치 솜사탕으로 된 동화 속 마을을 돌아다니는 것만 같았다. 나는 너무 신이 나서 주택가며 냇가, 기찻길 옆 숲길을 거침없이 달렸다. 성격이 소심하고 안전문제에 과하게 예민했던 옌스는 어디로 방향을 틀지 모르는 나를 따라오면서 제발 좀 천천히 가라고 계속 소리를 질렀다.

행복하고 고마운 기억이다. 그날 밤 이후, 그렇게 사랑하는 사람들의 이야기와 그 이야기가 담긴 물건들을 아끼던 옌스 덕에 나는 전에 비해 뭘 잘 사지 않게 되었다. 두 번 생각하면, 꼭 필요하지 않고 금새 버리게 되는 것들이 눈에 들어오기 시작했기 때문이다. 그리고 그날 나도 모르게 세월과 추억, 마음이 담긴 물건에서 풍기는 깊고 묘한 매력에 홀려버린 것 같다. 신중하게 사서 오래 쓰는 편인데, 있던 것들에 정을 쏟을수록 새 물건에 마음이 생기지 않는다. 아무리 화려한 신상품이라 해도 깊은 멋이 없고 그리움도 온기도 없어서 죽어 있는 것처럼 보인다. 아마 사물의 살아있는 멋은 사람이 벗처럼 곁에 오래 두고 사귈 때 생겨나는 것인가 보다.

굳이 개인소유하지 않아도 되는 것들이 주는 행복 – 웁살라 옌스네 집 세탁실에서

스웨덴은 주거용 건물마다 공동세탁실이 따로 마련되어 있다. 세대마다 세탁기를 갖

추고 있는 것이 아니라, 건물 안에 세탁실을 두고 주민들이 필요할 때마다 이용한다. 물론 세탁기를 갖춘 세대들도 있지만, 어디를 가든 대부분의 아파트나 연립주택에는 1층이나 지하에 공동세탁실이 있었다. 손수레와 다리미 등 여러 가지 필요한 물품들과 건조실까지 잘 갖추어져 있었고 빨래를 기다리는 동안 시간을 보낼 수 있는 작은 테이블이나 소파, 잡지책과 신문 등의 편의시설도 잘 마련되어 있었다. 그리고 전체적인 관리는 주민 중 한 사람이 담당하면서도 빨래 순서만큼은 게시판을 이용해 주민들이 자율적으로 조절하고 있었다.

초등학교 시절, 일주일에 몇 번만 쓰는 것에 비해 집안에서 세탁기가 차지하는 공간이 너무 크다는 생각을 한 적이 있었다. 그래서 우리집에서 세탁기를 쓰지 않을 때 이웃집이 와서 사용하거나 또 그런 집들이 많아진다면 집집마다 세탁기를 두지 않아도 되어 좋을 것 같았다. 사람들이 집 공간을 더 넓게 쓸 수 있고 비싼 세탁기 값으로 재미있는 일을 더 많이 할 수 있을 거라는 생각에 신이 났다. 그런데 그렇게 상상만 하던 삶을 스웨덴에서 현실로 본 것이다.

어느 가을날, 옌스네 집 뒷마당에 있던 세탁실에서 빨래가 끝나기를 기다리는 동안 눈처럼 흩날리던 창밖의 노란 단풍나뭇잎들을 보면서 생각했다. 한국에 돌아가면 스웨덴 사람들처럼 마당도 같이 쓰고 세탁기 같이 쓸 친구들과 모여 살면 참 좋겠다고. 마음만 맞는다면 자동차나 주방도 문제없을 것이고, 거실은 마을 사랑방으로 쓰면 더 없이 좋을 것이다. 사적인 공간과 관계의 거리를 적절히 조절할 수만 있다면 좋은 사람들끼리 모여서 사는 것이 이상적일 수도 있지 않을까? 경제적으로 절약되고 정서적으로 외롭지 않으면서 성숙한 삶을 배울 수 있으니 말이다. 굳이 개인적으로 가져야 할 필요가 없는 것들을 구입하기 위해 써야 하는 노동시간과 돈을 줄인다면 자신이 주인이 될 수 있는 시간이 늘어나면서 꽤 많은 부분에서 더 행복해질 수 있을 것이다.

좀 더 크게 보면, 세탁기뿐만 아니라 관공서와 학교, 교회 건물과 마당 같은, 사회적

공터 같이 좀 더 큰 것들을 공유한다면 개인뿐 아니라 사회 내에서 자율적인 창조활동들도 더 늘어날 것이다. 더 좋고 필요한 것을 굳이 개인적으로 소유해야만 한다고 생각하지 않는다면 그 대가로 얻을 수 있는 행복은 그보다 훨씬 크다. 하지만 사람들은 그렇게 사는 게 쉽지 않은 일이라고 말한다. 그것이 고달프고 바람직하지 않다는 것을 알면서도, 모두가 그렇게 살아 왔고, 특히 소수의 힘으로는 힘든 일이기 때문에 다들 알면서도 어쩔 수 없이 그렇게 살아가는 거라고 말한다. 하지만 나는 그것이 한 사람의 변화가 얼마나 큰 영향을 미치는지를 믿지 못 해서 하는 말이라고 이야기하고 싶다.

스웨덴 주택의 세탁실처럼 일상생활에서부터 공유할 수 있는 것들을 주민들이 주체가 되어 공개적으로 관리하고 선순환시킨다면 사회가 어떻게 변할까? 그렇다면 우리는 살기 위해 파괴적이고 고립적으로 써야 했던 에너지를 한 차원 더 행복한 삶과 도덕적으로 진화된 문명을 만드는 일에 쓸 수 있을 것이다. 거창한 게 아니다. 일만 하느라 돌보지 못 했던 가족과 이웃, 자연을 사랑하는 일들을 사적인 영역에서 사회적 노동으로 전환하고 그에 연관된 직업들을 만들어 내는 일부터 시작하면 된다. 한 곳에만 축적되는 것들을 공유하고 그럼으로써 죽어가는 생명들을 살리는 삶의 방식들 말이다. 그런 삶의 방식을 고안해 낼 때, 그 가운데에서 일자리도 더 늘어날 수 있다. 행복한 경제와 삶살이를 만드는 일은 그리 어렵지 않다. 고달프고 외롭게 일해서 가져야 하는 것들, 그렇게 가졌는데 공허해지는 것들을 더 이상 바라지 않고, 함께 만들고 쓸 수 있는 것들을 찾는 데 힘을 모으면 된다.

아이들이 해야 하는 일은 노는 것이다 - 길가 옆 숲 속에서

어느 날 해민이와 해준이가 등교한 후, 오전 10시 반쯤 언니와 함께 장을 보러 나섰다. 언니네 동네는 어느 주택가 바로 옆에 숲이 있었는데, 학교 근처를 지나갈 때, 놀라운

장면을 목격했다. 학교에 있어야 할 그 시간에 아이들이 숲에서 뛰어 놀고 있었던 것이다.

_"언니, 쟤네 왜 학교 안 가고 저기 있어?"
_"저게 학교 간 거야."

한국의 공공건물 화장실에서 흔히 볼 수 있는 격언이나 명언처럼 스웨덴의 공공건물
이나 놀이터 등 여러 장소에서 쉽게 볼 수 있는 문구가 있다.

_'아이들이 해야 하는 일은 노는 것이다.'

수영을 못 하면 초등학교를 졸업할 수 없다 – 스웨덴의 초등교육 졸업시험

스웨덴에서는 초등학교에서 중등과정으로 진학할 때 초등교육과정 이수와 중등교육
과정 입학자격을 입증하는 통과의례로 국가고시를 치른다. 국가고시라고 해서 우리의 모
의고사나 일제고사처럼 성적을 서열화하는 것이 아니라, 학교 다닐 때는 한껏 즐겁고 행복
하게 놀다가 졸업할 때 초등교육과정에서 이수해야 할 기초분야에 대해 기본 합격점수 이
상을 얻으면 되는 것이다. 게다가 그 시험이 대부분, 농구, 축구, 배구 등 놀이 같은 것들
이다.

내가 해민이와 살던 그 해, 겨울이 다가올 때 즈음, 해민이는 졸업시험 대비로 분주해
졌다. 가방끈이 아무리 길어도 한국에서 온 이모가 무슨 보탬이 될까 싶어 구경만 하고 있
었는데, 어느 날 저녁, 시험 준비로 신경이 예민해진 해민이 엄마와 해민이 사이에서 드디
어 사건이 발생했다. 식사 후 언니가 해민이 공부를 봐 준다며 마주앉은 지 얼마 되지 않

아 전에 없이 해민이에게 큰 소리를 지르기 시작한 것이다. 언니는 해민이가 무언가를 모른다는 것보다 알려고 노력하지 않는 것이 더 나쁘다며 화를 냈다. 어느 나라, 어느 부모 자식간에서 당연히 있는 일이라 놀랄 것이 없었다. 그러나 나는 말문이 막히도록 놀랐다. 해민이가 노력하지 않는다는 그 무엇이 바로 구구단이라는 사실 때문이었다. 한국에서는 웬만한 아이들이 초등학교 입학 전이나 저학년 때 다 익히는 구구단이 스웨덴에서는 초등 과정 졸업고사의 필수항목이라니.

졸업할 때나 확인받는 구구단을 미리 애써 외워둘 필요가 없었을 것이다. 특히 노력을 필요로 하는 7, 8, 9단을 벼락치기로 외워야 한다는 게, 공부 때문에 혼나 본 적이 없는 해민이에게 당연히 힘든 일이었을 것이다. 그런데 엄마까지 괴성을 질러 드디어 그 큰 눈에서 닭똥 같은 눈물을 뽑아낸 것이었다. 언니는 모진 심성과는 거리가 먼 사람이었다. 그래서 해민이가 울기 시작하자 언제 그랬냐는 듯 또 부둥켜안고 사랑한다며 같이 울었다. 덕분에 그 날 나는 잔뜩 주눅 든 객식구 관찰자 시점에서 스웨덴 가정의 리얼 시트콤을 구경할 수 있었다.

그리고 다음날 오후였다. 해민이가 학교에서 돌아올 시간이 되었는데 집에 오지 않고 전화를 했다. 언니 말로는 해민이가 집에 오는 길에 수영장에 들렀다 온단다. '엇? 시험이 코앞인데 공부 안 하고 수영장에서 놀다니. 그래도 할 때는 좀 하지'하는 생각이 들었다. 언니도 같은 맘이려니 싶어 표정을 살폈는데, 언니의 표정은 안정적이었다. 듣고 보니 수영도 졸업고사의 필수 패스과목이란다. 수영을 못 하면 초등학교를 졸업할 수 없다는 얘기다.

모든 근대국가들이 추구해 온 기초교육의 핵심내용, '읽고, 쓰고, 셈하기', 이 세 가지 능력만 갖추면 초등교육과정에서 배워야 할 기초교육은 다 배우는 것으로 우리는 흔히 여긴다. 국·영·수·사·과만 잘 하면 초등학교를 졸업하는 데 문제될 것이 없다. 수영을 못 하거나 밥을 못 짓는다거나 바느질이나 손뜨개를 못 한다고 해서 졸업을 못 하는 경우는

없다. 만약 그런 경우가 생긴다면 학습자의 학습권을 침해한다는 비난이 들끓을 것이다. 쓸 데 없는 것을 가르치지 말라는 참견도 불같이 일지 모르겠다.

그러나 스스로 의식주를 해결하고 위험한 상황에서 생존할 수 있는 능력이 인간으로서 가장 먼저 배워야 할 기초지식이라는 것을 부정할 사람이 있을까? 읽고, 쓰고, 셈하기는 살고, 사랑하고, 함께 성장하기 위해 필요한 수단들이다. 그렇기 때문에 스스로 살고, 서로 사랑하고, 함께 성장할 수 없게 하는 읽기, 쓰기, 셈하기는 의미가 없다. 너무나 분명한 이야기인데 우리는 왜 먼저 가르쳐야 하는 것의 순서를 헷갈려 하고 있을까? 왜 반드시 가르쳐야 하는 것들의 가치를 확신하지 못하고 있는 것일까? 아이들에게 가르쳐야 할 내용과 순서를 이제는 고쳐 짜야 한다.

숲속에는 사랑의 요정들이 떠다니고 있다 – 웁살라, 발도르프 유치원의 밤산행에서

웁살라에서 지내던 어느 날이었다. 유치원생 딸아이를 둔 친구가 딸아이 유치원에서 며칠 후 밤에 '숲의 정령 체험'행사를 하니 함께 가자고 권했다. 환한 낮에 놀아도 잘 넘어지고 다치는 유치원 아이들을 데리고 밤에 그것도 숲에서 행사를 하다니. 한국에서는 흔치 않은 일이라 듣자마자 호기심이 발동했다.

_"거기 가면 뭐 하는데?, 학부형들이 뭐 준비해 갈 것 있어? 뭐 파티같이 식후 행사도 있나? 동양 이모는 나밖에 없을 테니까 예쁘게 하고 갈까?"
_"그냥, 저녁 먹고 손전등 하나 들고 편한 차림으로 스윽 갔다 오면 돼. 특별한 거 안 하니까 걱정 마."

행사 날, 저녁 식사가 끝난 후 친구와 딸은 집에서 입고 있던 무릎 나온 실내복 바지에 스웨터 위로 두터운 외투와 장화, 모자만 걸친 채 정말 편한 차림으로 집을 나섰다.

아이의 유치원은 우리나라에서도 자연주의 대안유치원이나 숲교육으로 잘 알려져 있는 발도르프라는 곳이었다. 우리나라 발도르프 유치원은 대부분 자연교육이나 인성교육을 중시하는 부모들이 다소 비싸더라도 더 많은 시간과 노력을 들여서 아이를 보내는 곳인데 아직 일반화되지 않아서 도심이나 부촌일수록 엄마들이 줄 서서 보내는 경우가 많고 그러다 보니 유치원의 교육철학과 상관없이 고급사립유치원으로 변질되는 경우도 간혹 있다. 진정성 있게 발도르프 교육을 잘 뿌리내리게 하려는 경우가 훨씬 더 많지만, 그렇지 않은 후자의 경우에는 비싼 재료비를 내고 아이들이 천연재료의 장난감과 교구들을 사용하기도 하는데 부모들은 거기에서 또 위안과 자부심을 느끼는 것 같다.

그러나 내가 그 날 방문한 웁살라의 발도르프 유치원은 한국의 그런 이미지와는 완전히 대조적인 모습이었다. 넓게 펼쳐진 허허 벌판에 군데군데 동산만한 작은 숲들이 있었고 아담하고 소박한 건물 두어 채가 전부였다. 좀 초라하고 황량해 보이기도 했는데 알고 보니 건물 안에서 하는 활동보다 밖에서 뛰어노는 활동이 훨씬 더 많다고 했다. 말도 타고 학교 주변의 유기농 농장에도 가고 유치원 내 놀이터나 들, 숲에서 뛰어노는 게 대부분이란다. 그래서인지 스웨덴 아이들은 우리나라 아이들에 비해 굉장히 건강하고 면역력이 높은 편이라고 한다. 그래서인지 정말 어지간한 잔병에 약 먹는 경우를 잘 보지 못했다. 그 날도, 같이 간 다섯 살짜리 딸아이도 추운 겨울밤이었는데 답답하다며 모자와 목도리를 벗어 던졌다. 그에 나도 질세라 한국 사람도 마늘을 많이 먹어서 면역력이 좋다며 보란 듯 모자와 장갑을 벗어두고 딸아이를 따라나섰다.

유치원 근처의 숲 초입에 도착하자 딸아이가 '자, 여기부터 시작이야'하며 내 손을 꼭 잡았다. 반기는 선생님도 없었고 드문드문 산에서 내려오는 가족들밖에 보이지 않았다. 발도르프 학교의 상급생들이 행사요원이라는데, 불빛들 사이에서 흰 천을 두르고 숲의 요정

처럼 조용히 나타났다 숨었다를 반복했다. 처음에는 좀 유치하게 느껴져서 웃음도 났지만 숲 속 더 깊이 들어갈수록 딸아이와 친구, 그리고 하산하는 다른 가족들의 표정이 마치 침묵수행을 하는 사람처럼 너무 진지하고 고요해서 나도 따라 진지해졌다.

불빛이라고는 숲길에 드문드문 놓인 작은 촛불들과 우리가 가져간 손전등 하나가 전부였는데, 그나마도 갈수록 꺼져버린 초가 많아서 보이지 않는 감각들에 조용히 집중해야만 했다. 중간코스까지는 '어라? 이게 뭐야? 그냥 깜깜하게 걷는 거잖아'하며 실망했지만 걸으면 걸을수록 신비한 느낌이 들었다. 아무것도 보이지 않는 어둠 속에서 나와 외부의 경계가 없어지는 것 같은 느낌이었다. 느리게 걷고 멈춰 설수록 숲내음과 흔들리는 나뭇잎 소리, 아주 약하게 흐르는 계곡물 소리, 바람이 흐르는 소리, 그런 여리고 향긋한 소리들이 들을수록 묘하게 몸으로 스며들었다. 그런데 그렇게 하염없이 걷다가 나도 모르게 눈물이 났다. 그 이유를 지금도 알 수 없는데 그냥 마음이 저절로 녹아내리는 것 같은 느낌이었다. 가슴 깊이 묻어 두었던 울보따리의 매듭이 스르륵 풀어지면서 묵은 화와 슬픔이 가슴에 스며든 숲의 향기와 소리를 따라 어디론가 흘러나가는 것만 같았다. 그 기운들이 무슨 내용인지도 모르겠는데 그저 명치끝에서부터 어떤 기운이 울렁이더니 눈물로 계속 흘러나왔다. 도시가 뿜어내는 거칠고 큰 파동에 응대하느라 돌보지 못 했던 여린 마음들을 숲의 고운 파동이 어루만져 주었던 것일까?

산을 내려왔을 때 손수건이 없어 눈물, 콧물을 닦지 못해 추한 얼굴이 되었지만 마음이 맑고 가벼웠다. 그런 나를 본 딸아이가 말없이 내 손을 또 꼬옥 잡더니 그 작은 손으로 내 손등을 토닥여 주었다. 그리고 우리는 그 날 밤, 집으로 돌아와 크리스마스 과자집을 함께 만들며 둘도 없는 친구가 되었다.

북유럽 동화에 나오는 숲의 요정들이 사람의 마음에 조화를 부린다면 아마 그런 것일까? 나는 그 날 이후 숲 속에는 요정들이 여린 파동으로 떠다니고 있다고 믿고 싶어졌다. 자연의 정령은 늘 우리 곁에 있다. 우리는 그 정령을 기운으로 숨쉬고 먹고 마신다. 자연

의 정령은 그런 방식으로 우리를 살게 하는 것이다. 그래서 자연의 정령을 다른 이름으로 하면 사랑이다. 자연 속에서 아이들을 키운다는 것은 아이들에게 그 자연의 정령을 만나고 느끼게 해 주는 일 외에 다른 것이 아니다. 부디 우리 아이들이 숲에서 많은 시간 뛰어 놀고 그 속에서 우리를 어루만지는 자연의 정령, 사랑의 기운을 한껏 받고 자라기를 바란다.

아기천사와 노루가 함께 하는 등굣길 – 스톡홀름 작은 마을에서

나는 스웨덴에 있는 동안 친한 스웨덴 교포 언니네 집에서 한동안 기거했었다. 언니에게는 당시 한국의 5학년 나이쯤 되는 딸 해민이와 해민이가 다니는 학교의 부설유치원을 다니는 다섯 살짜리 아들 해준이가 있었다. 해민이는 항상 아침에 내가 일어나 눈을 부빌 즈음 스스로 준비를 마치고 등굣길을 나섰고 해준이는 그보다 조금 여유있게 학교에 갔는데, 일어나도 딱히 할 일이 없고 아침시간이 분주한 언니에게 조금이라도 도움이 돼야겠다는 생각에 나는 언니 대신 자주 해준이를 학교에 데려다 주었다. 그 때 해준이를 데려다 주다보면, 동네 젊은 부부들이 등교시간에 맞춰 아이들을 학교에 데려다 주고 출근하는 광경을 흔히 볼 수 있었다. 양성평등 지수 1위인 나라답게 일하는 엄마들이 많았고 아빠들은 대부분 육아와 가사를 병행했다. 정장 차림에 선글라스를 끼고 아이들을 등교시킨 후 씩씩하게 출근하는 강철 같은 느낌의 젊은 엄마들을 보면 제대로 성숙한 여인의 멋이란 저런 거구나 하는 느낌도 들었고, 북유럽 특유의 긴 머플러를 맵시 있게 두르고 양복차림에 등가방을 멘 채 자전거 유모차에 아이 둘과 장바구니까지 싣고 바람을 가르며 퇴근하는 모델 같은 아빠들을 볼 때면 내 남편도 아닌데 괜히 듬직하고 고마웠다.

해준이 덕에 아이들 등하교길에 한국에서 볼 수 없는 그런 광경을 보게 된 것이 내겐 너무 감사하고 신선한 충격이었다. 그런데 그 중에서도 가장 잊을 수 없는 기억은 해준이와 등굣길에서 노루를 만날 일이다. 해준이와 손을 잡고 약 25분 정도 천천히 걸어가다 보면 해준이네 학교가 나왔는데, 우리는 늘 그 길에서 서로 번갈아가면서 하나부터 백까지 우리말로 반복해서 셌다. 다섯 살인 해준이에게 한국말을 가르쳐 주고 싶은 마음에 내가 해준이에게 제안한 일이었다. 해준이는 길가에 나무도 구경하고 바닥에 벌레도 살피느라 바쁘면서도 한 번도 싫은 내색하지 않고 박자 맞추어 수를 세었다. 재미있는 건 해준이가 스물다섯에서 꼭 스물일곱이나 여덟로 넘어갔다는 거다. 스물여섯이 해준이에게는 어려운 말이었나 보다. 두세 번 반복해도 계속이 틀릴 때면 우리는 숫자세기를 멈추고 둘이서 멀리뛰기도 하고 노래도 하면서 그렇게 쉬엄쉬엄 갔었다.

어떤 때는 해준이가 내게 스웨덴 말로 숫자 세는 것을 가르쳐 주기도 했는데, 다섯 살짜리 선생님의 가르치는 실력에 비해 난 너무 형편없는 학생이었다. 열심히 따라 한다고 해도 늘

_'원, 뜨보아, 뜨레아, 퓌어, 퓐프, 퓐프, … 그 다음 뭐지, 해준아?'

하며 나는 다섯을 넘기지 못했다. 그래도 해준이는 단 한 번도 짜증을 내지 않았다.

_'이모, 괜찮아', '이모, 잘 했어.' '이모, 또 해봐'

하며 매번 나를 올려다보고는 환하게 웃어주었다. 아마 학교에서 선생님이 그렇게 대해주셨나 보다. 지금도 나는 스웨덴의 가을 아침햇살 속에서 그렇게 천사같이 웃어주던 해준이의 그 미소를 잊을 수가 없다. 해준이는 내 마음 속에 영원한 아기천사 선생님이다.

그러던 어느 날 아침, 여느 때같이 해준이와 손을 잡고 걸어가다가 동화 같은 장면을 보았다. 집을 나선지 얼마 안 되었을 때 약 5m 앞 길가의 작은 나무들 속에서 노루가 걸

어 나오더니 나뭇잎을 뜯기 시작했다. 어릴 적 동화 속에서나 보았던 장면이 눈앞에 나타나자 나는 온 몸의 세포가 멈추는 듯 했다. 그런데 해준이는 나처럼 놀라워하지 않았다. 그저 노루에게서 조금 떨어져 발소리를 낮추더니 늘 그래왔던 것처럼 너무나 자연스럽게 '안녕?'하고 속삭이며 지나갔다. 노루도 해준이를 그저 한번 쓱 쳐다봤을 뿐 이내 나무쪽으로 고개를 돌렸다. 덩달아 나도 '안녕?'하고 해준이가 하는 대로 따라했지만 계속 꿈을 꾸고 있는 것 같았다.

_"해준아, 너 쟤 알아?"
_"응, 쟤 원래 여기 사는 애야. 우리 자주 만나."
_"아, 진짜? 진짜로?"
_"근데, 이모 조용히 말해야 되. 선생님이 쟤 놀래게 하면 안 된댔어."
_"응, 알겠어."

다른 나라들에서 대부분 자연을 멀리 경관으로 두고 본다면, 스웨덴은 자연 속에 집이 있고, 찻길도 있고, 학교도 있고, 사람들이 자연 속에서 자연과 함께 사는 것이 특징이다. 그래서인지, 해준이네 집문을 나서면 바로 숲길이 있었고 1분도 안 되는 그 숲길을 걸어 나오면 큰 찻길이 바로 앞에 있었다. 평화롭다고만 느꼈지 그렇기 때문에 마을 주민에 노루도 포함되어 있을 거라고는 꿈에도 생각하지 못 했다.
노루에게서 어느 정도 멀어졌다고 생각될 즈음 나는 해준이에게 물었다.

_"해준아, 쟤 말고 다른 애들도 많아?"
_"응. 쟤 엄마랑 아빠랑 또 다른 형제 있어."
_"근데, 쟤가 엄마, 아빠 아니고 쟤인지 어떻게 알아?"

_"음…, 음…, 몰라, 그냥 알아."
_"우와"

　　이런 꿈 같은 장면을 또 언제 볼 수 있을까 싶어, 나는 몇 발자국 지나지 않아 노루를 뒤돌아보았는데, 얌전히 나뭇잎 뜯던 그 아이가 어느새 찻길 중앙선을 건너고 있었다. 그런데 출근시간이라 줄줄이 늘어선 차들 속에서 그 노루는 너무 침착하고 여유 있어 보였다. 그리고 도로 위 운전자들은 더 여유로워 보였다. 그렇게 많은 차들이 밀려서는 데도 해준이와 나는 전혀 알아채지 못했다. 경적을 누르거나 무슨 일이냐며 내려서 보거나, '아이, 참'하며 혼잣말로 답답해하는 사람조차 없었기 때문이었다. 내가 둘러보았을 때 몇몇 여자 운전사들이 사랑이 가득한 얼굴을 창밖으로 내밀고 '오, 베이비'하며 중얼거리는 것을 보았을 뿐이었다. 그 많은 차들이 노루가 다 건너갈 때까지 그렇게 사랑스럽게 멈춰 있었다.

　　한국에서 영악해진 도둑고양이와 수척한 유기견, 돼지처럼 뒤뚱거리는 비둘기들만 보고 자랐고 한 해 평균 약 6천 건 넘게 로드킬이 일어난다는 뉴스를 아무렇지 않게 듣고 살았던 내게 그 장면은 충격적이지 않을 수 없었다. 숲과 마을이 구분 없이 아늑하게 어우러져 있고, 동물과 인간이 보행권을 동등하게 보장받고, 노루와 아이들이 아침인사를 나누는 곳, 내가 본 것은 신화 속에 나오거나 꿈에나 그렸던 장면이었다.

　　그 날 해준이를 데려다주고 돌아오는 길에 나는 꿈에 대해 생각했다. 요즘 우리나라에서는 '꿈과 끼를 키우는 행복교육'이라는 말이 학교현장에 유행처럼 퍼져 있다. 아이들 한 사람마다의 꿈을 소중히 여기는 것은 어느 때보다 반가운 교육계의 변화이다. 우리는 늘 꿈을 가지라고, 꿈꾸면 된다고, 꿈이 없으면 죽은 것과 같다고 들어왔고 또 아이들에게 그렇게 말해왔다. 그런데 나는 그 날 철썩같이 믿어 왔던 그 꿈에 대해 회의가 들었다. 한국에서 자라면서 꾼 꿈에는 해준이와 등굣길에서 느낀 그 꿈 같은 행복은 들어 있지 않았

인생의 빛

기 때문이다. 어쩌면 뭘 꿈꿨는지조차도 몰랐었다는 생각도 들었다. 더 큰 충격은 무작정 꿈을 가지기 전에 꿈을 왜 꾸어야 하는지, 어떤 꿈이 진정 행복한 꿈인지에 대해 좋은 대학과 안정적인 직장 외에 다른 진지한 이야기를 들어 본 기억이 별로 없었다는 것이다.

한국이라는 사회에서 우리가 그동안 열심히 꾸어 온 꿈을 무엇이었던 걸까? 무엇을 꿈꿔야 하는지도 모른 채 꿈꿀 수 없는 궁핍한 삶이 두려워 꿈을 꾼다는 그 자체에만 집착했던 것은 아닐까? 그렇게 해서 우리 모두는 꿈꾸었던 현실 속에서 지금 행복해 하고 있는 걸까? 그렇게 스스로에게 던진 많은 질문 중에 나 자신을 가장 비참하게 했던 것은 그날 그 광경을 보기 전까지 내가 스웨덴 사람들이 일구어 낸 그 꿈 같은 현실은 이룰 수 없는 꿈이라고만 여겼다는 것이다.

다시 강단으로 돌아와, 그날의 이야기를 해주며 아이들에게 대학 내에서만이라도 인간이 동물과 함께 사는 꿈을 꾸어보면 어떻겠냐며, 학교 안에서 자동차를 타지 않고, 노는 땅에 학과마다 텃밭도 가꾸고 강아지랑, 토끼, 닭도 키우며 같인 놀아 보라고 얘기하면 아이들은 순간 눈망울을 반짝이면서도 그저 실없이 웃기만 한다. 꿈 같은 이야기로만 들리나 보다 ….

스웨덴 유치원 아이들은 함부로 사탕을 사먹지 않는다
– 스톡홀름 유치원 학부모회의

하루는 희영언니가 해준이 학교에 학부모회의를 하러 갔는데 밤 11시가 넘어서 돌아왔다. 학부모회의 끝나고 어디 들렀다 오냐고 했더니 그때까지 꼬박 회의만 하다 왔다고 했다. 도대체 무슨 안건이었길래 유치원생 학부모들이 그렇게 밤늦게까지 토론을 했는지 너무 궁금했다.

_"언니, 오늘 안건이 많았어? 아님 뭐 심각한 일이 있었나?"

_"말도 마. 애들이 학교 끝나고 교문 나가면서 사탕을 사먹게 하냐 못 사 먹게 하냐 그 문제 하나 가지고 여태 토론하다 왔어."

_"엥? 그게 왜 그렇게 심각한 문젠데?"

_"어떤 애가 한 며칠 학교 끝나고 가면서 사탕을 사 먹었는데, 다른 집 애들이 집에 와서 자기도 사탕 사 먹게 해 달라고 졸랐다는 거야. 그래서 그 집 엄마가 우리 애는 사탕 사 먹이고 싶지 않고, 또 사탕 사 먹는 아이 때문에 아이들 전체가 사 먹게 될 수 있으니 사탕 사 먹는 아이 부모에게 자제를 요구한 거지."

_"아니, 애들 사탕 한 먹는 것 가지고 너무들 한 거 아냐? 이해가 안 되네."

_"그렇긴 하지, 그런데 여기서는 그게 그렇게 간단한 게 아니야."

　　나는 어이가 없다 못 해 언니의 말을 믿을 수가 없었다. 그래서 언니에게 그날 학부모회의에서 학부모들이 어떤 의견을 얘기했는지 자세히 물어보았다. 아이들이 자유롭게 사탕을 사 먹도록 찬성하는 쪽은 내가 예상한 대로, 개인의 자유와 선택권을 너무 세세히 제한해서는 안 된다는 견해였다. 생각지도 못 한 것은 반대쪽 견해였다. 아이들이 성장기에 사탕을 많이 먹으면 치아 건강에도 좋지 않지만 당수치가 높아져서 쉽게 흥분하게 되는데 그것이 과잉행동이나 감정조절장애를 유발할 수 있다는 것이었다. 물론 이것은 철저히 실천하지는 않아도, 우리나라의 관심 있는 부모들도 어느 정도 알고 있는 사실이지만, 스웨덴 부모들은 대부분이 아이들에게 사탕이나 초콜릿 같은 단 것을 하루에 정해진 소량만을 먹게 하고 그 이상은 쉽게 허락하지 않는다. 학부모회의에서 반대쪽 의견을 제시했던 학부모들은 그런 입장이었던 것이다. 결국 결론은 아이들 전체가 사탕을 사 먹지 못 하게 하는 것으로 났다.

　　이야기를 듣고 나니 독재정권시기부터 현재까지 자율적으로 전국 조직을 만들어서 명예나 대가도 없이 사회민주화와 학교민주화, 교육의 질 개선 등을 위해 치열한 역사를 이어온 한국의 학부모교육운동이 떠오르면서 스웨덴 학부모들이 하는 일이 너무 하찮게 보였다. 그러나 의문이 생겼다. 우리는 아이들의 과잉행동이나 건강에 관련되는 일상적인 일로 학부모들이 공론화하거나 자정까지 치열하게 논의하지 않는다. 갑자기 그 차이가 너무 궁금해졌다.

곰곰이 생각해 보니, 그날 학부모회의는 너무 작고 기본적인 것이어서 우리가 얼마나 중요한지 미처 모르고 놓쳐왔던 것을 상기시켜 주었다. 단지 사탕 하나의 이야기가 아니었다. 그날의 이야기는 자유로운 것보다는 옳은 것을 함께 지켜내기 위해 어릴 때부터 함께 욕망을 조절하는 것을 합의하는 것이었다. 인간의 욕망이라는 것은 참 많고 다양하기도 하고 끝이 없어서 아주 작은 것에 대해서라도 그 통제력을 잃으면 걷잡을 수 없이 순식간에 전체를 무너뜨릴 수 있다. 더욱이 모두가 다 같이 도덕적으로 상향평준화된 삶을 살기로 합의한 사회에서는 그것을 저해하는 욕망을 절제하는 데 서로 예민할 수밖에 없을 것이다.

아이들 개개인의 건강을 지켜내고 나아가 사탕뿐 아니라 제한 없는 욕망으로서의 자유를 쫓지 않고, 함께 옳은 삶을 살기 위한 절제의 힘을 길러주기 위한 스웨덴 부모들의 투철한 교육철학이 없었다면 오늘날 스웨덴이 세상에서 가장 살기 좋은 복지선진국을 이루지 못했을 것이다. 스웨덴 사람들은 중산층이든 대기업이든 탈세를 가장 추악한 사회적 범죄로 여기고 한국 사람들이 납득할 수 없을 만큼의 많은 세금을 기꺼이 낸다. 그것이 사탕 하나 자유롭게 사먹는 것에서부터 모두에게 옳은 것을 생각하게 하는 어린시절의 교육이 없었다면 어떻게 가능했겠는가?

귀국 후 어떻게 하면 우리도 스웨덴 같은 교육을 할 수 있겠냐는 질문을 많이 받았다. 나는 농담처럼 나라와 역사를 통째로 바꾸지 않으면 불가능하다고 웃으며 얘기했는데, 그것은 질문하는 사람들이 겉으로 보이는 교육제도나 방법, 환경, 기술적인 부분에 대한

답변만을 기대하는 것처럼 보였거나, 얘기를 해 주어도 스웨덴의 현실을 직접 경험하지 않으면 믿기 어려워 할 것 같아 보였기 때문이다. 우리가 부러워하는 스웨덴의 교육과 복지현실은 모두 기성세대들이 지닌 보이지 않는 교육철학과 신념의 결실이었다.

쉽지 않은 교육사회의 구조적인 문제들이 있지만, 우리도 스웨덴 부모들처럼 치열하게 작은 것에서 옳은 가치를 지켜내면 변화를 시작할 수 있을 것이다. 아니, 작은 것들을 할 필요도 없다. 잘못된 것인 줄 알면서도, 내 자식 내 힘으로 잘 살게 하겠다는데 뭐가 잘못 됐냐며 아이한테 일등만 좋은 것이라고 가르치고, 아이 성적이 엄마의 자존심인 양, 엄마들이 모여서 자식 성적으로 서로 잘난 체 하거나 속 긁어대는 데 시간을 쓰고, 내 자식 기죽는 꼴 보면 어쩔 수 없다며 롤케이크 밑에 돈봉투 깔아서 빈번히 학교 문턱 넘나드는, 그런 해 오던 일을 안 하는 것만으로도 시작은 충분할 것이다.

스웨덴 학교에서는 스프 한 그릇에 인류애를 담아 먹인다 – 초등학교 스프파티에서

어느 날은 해민이네 학교에서 스프파티를 한다고 해서 따라갔다. 아이들이 그동안 학교에서 기른 채소들로 스프를 만들어서 교사, 학생, 부모님들이 함께 모여 파티를 한다고 했다. 오후 3~4시쯤이었는데, 학교 식당에 할머니, 할아버지, 엄마, 아빠, 유모차 탄 아기들까지 온 동네 가족이들 다 모여 학교잔치라기보다는 동네 전 주민들의 잔치 같았다. 특히, 아빠들이 빠진 집이 거의 없었는데, 아빠들도 그 스프파티에 참석하기 위해 대부분 조퇴를 했다고 했다. 가족과 아이들을 돌보고 교육하는 것보다 아빠들이 일해야 하는 더 중요한 이유는 없다고들 생각하기 때문에 회사는 아빠들이 그런 일로 조퇴하는 것을 당연하게 여긴다고 했다.

언니에게 그런 이야기를 듣고 훈훈한 마음으로 이런 저런 생각을 하고 있었는데, 스

프를 보자마자 심기가 불편해졌다. 그렇게 사람들이 많이 모인 것에 비해 음식이 너무 적고 빈궁했기 때문이었다. 스프파티라더니 말 그대로 감자튀김을 제외하고는 스프밖에 없었다. 스프도 건더기가 거의 없고 건강한 맛인 것 같기는 한데 먹어도 허기가 졌다. 그것만이 아니었다. 동네주민은 다 모인 것 같은데 불도 식탁마다 촛불 몇 개씩만 켜 놓아서 잘 보이지도 않았다. 그런데도 사람들은 파티라는 명색에 맞게 가족과 이웃끼리 즐거운 표정으로 이야기를 나누고 있었다. 더 의아한 것은 스프값이었다. 스프값은 파티음식이라 할 수 없는 그 소박한 맛과 질에 비해 비쌌다. 게다가 식당 출입문 옆에는 식사를 마치고 나가면서 기부를 할 수 있도록 모금함까지 놓여 있었는데 사람들이 그곳에 너나 할 것 없이 배부른 표정으로 돈을 넣었다. 특별한 이벤트나 학교소개를 기대하고 갔던 내게는 좀 실망스러운 상황이었다.

스프를 먹고 난 후 학부모들이 잠깐 동안 자유롭게 학교를 둘러본 후 모두 강당으로 몰려갔다. 그저 언니와 해준이, 해민이 뒤만 졸졸 따라다니던 나는 '아, 이제야 제대로 된 공식행사를 하나보다'하고 성실한 자세로 강당에 자리를 잡았다.

강당에서 약 한 시간 가까이 행사가 진행되었는데, 행사라기보다는 아이들과 선생님, 그날 온 가족들이 모두 처음부터 끝까지 합창을 하는 것이었다. 고학년이 불렀다가 저학년들이 불렀다가, 다 같이 불렀다가, 음악선생님이 지휘하면서 불렀다가, 교장선생님이 지휘하면서 불렀다가 한 시간이 넘도록 그러기만 했다. 우리나라 학예회처럼 아이들의 깜찍발랄한 재롱잔치도 없었고 별다른 식순도 없었다. 그저 모여 서서 풍금 하나 놓고 스웨덴 무슨 민요라던 곡과 마이클 잭슨의 'we are the world'를 계속 부를 뿐이었다.

내게는 그 시간도 스프처럼 싱겁기만 했다. 어디나 사람심리가 다 비슷하겠지 싶어 주위 사람들을 둘러보았는데, 역시나 다들 나처럼 그다지 재미있어 하는 것 같지 않았다. 노래를 따라 부르기는 하는데 별 흥 없이 중얼거리시는 노인분들도 많았고 의자가 모자라 갓난아이들을 안고 자장가 장단 맞추듯이 흔들거리며 서 있는 아빠들도 있었다. 오직 신이

인생의 빛

난 사람은 과한 동작으로 지휘하시던 연로하신 교장선생님 한 분뿐인 듯 했다. 하지만 강당 안 사람들 사이에는 분명 내가 기대했던 재미나 흥보다 더 강하고 잔잔한 그 어떤 기류가 흐르고 있는 것만은 분명했다. 시간이 지나도 들락날락하거나 슬쩍 자리를 뜨는 사람 없이 어떤 정성을 쏟고 있는 듯한 분위기가 읽혀졌다.

나중에 언니에게 얘기를 들으니, 그 날이 UN의 날이었는데, 해민이네 학교뿐 아니라, 스톡홀름의 여러 학교가 그 날 다 같이 그 행사를 열어서 그날 얻은 수익으로 UN의 국제 기아관련 사업을 위해 기부를 한다고 했다. 그제야 강당 안 사람들 사이의 그 기류가 무엇인지 이해되었다.

스웨덴 학교의 파티는 작은 마을의 학교라 할지라도 세계적이다. 아이들이 자기 노동과 배움을 통해 인류애를 실천한다. 세계 인구의 7명 중 1명이 기아에 허덕이고 매 6초마다 1명씩 죽어가고 있는 현실에서 한 사람만 행복할 수는 없고, 또 그것이 옳지 않다는 것이 그들의 교육관을 담아내는 것이다. 학교에서 친구들과 함께 인류를 위해 할 수 있는 일에 최선을 다하도록 하는 일, 그리고 결과를 알아주고 칭찬해 주는 일, 아이들에게 그런 노력이 옳은 것이고 그런 그들을 가족과 사회가 뒤에서 든든하게 지지하고 있다는 것을 확인시켜주는 일, 모두가 힘을 합하면 한 사람의 일상이 인류의 염원을 현실화시킬 수 있다는 기적을 믿게 해 주는 일, 그날 내가 겪은 스웨덴 학교의 스프파티는 바로 그런 위대한 일이었다.

스웨덴에서 학부모들이 학교에 찾아와 그 위대한 일을 하는 데에는 그리 특별한 것이 필요하지 않았다. 자기 자식 찍겠다며 카메라 들고 사람들 헤쳐 다니는 전투적인 부모들 없이, 그런 학부모들 요구에 부응한다고 학교에서 잘 하는 아이들만 골라 선보이는 장기자랑이나 시상식 같은 것도 없었다. 우리 애만 상을 못 받거나, 발표를 시키지 않았다며 기죽거나 속상해 하는 부모들도 없었다. 누가 누군지 모르게 조용히 모여 아이들과 학교, 마을과 사회, 국가와 인류를 하나로 이어주는 우리라는 공동체가 있었을 뿐이었다. 그저 어

두운 불빛과 소박한 스프, 후한 기부금, 마음을 담은 합창, 끝까지 자리를 지켜주는 성실함… 어른들이 후대를 위해 가장 높은 차원의 교육적 책무를 수행하는 데에는 그것만으로도 충분했다.

자유로운 사고는 위대하다. 그러나 그보다 더 위대한 것은 올바르게 사고하는 것이다
- 웁살라대학교에서

웁살라는 스칸디나비아에서 가장 오래된, 작지만 세계적인 웁살라대학을 중심으로 형성된 대학도시다. 처음 웁살라대학을 방문했을 때는 듣던 명성에 비해 대학 건물이 너무 작다고 생각했는데 알고 보니 그 곳은 노벨상을 수상하는 건물과 본관, 도서관 등이 있는 곳이었고 나머지 건물들은 마을 전체에 흩어져 있었다. 나중에 알았지만 일반 연립주택인 줄만 알았던 옌스의 집도 3층부터는 교육학과 건물이라고 했다. 그 밖에도 길을 걷다 보면 예쁜 가정집처럼 생긴 연구소, 일층에 뜨개실 가게나 약국, 카페 등이 있는 건물들이 모두 학과건물이나 연구소, 또는 박물관이었다. 그래서 마을 산책은 언제나 보물찾기를 하는 것처럼 내게 흥미로운 일이었다.

그러던 어느 날 오후, 햇살을 즐기며 산책하다가 강당건물 앞에서 어이없는 장면을 보았다. 약 열두세 명 정도의 대학생들이 모여 있었는데 구호를 외치거나 피케팅 같은 것도 하지 않고 조용히 모여 서 있었다. 그냥 친구들끼리 무슨 모임이 있나 했는데, 같이 걷던 옌스 말로는 학생들이 등록금투쟁을 하고 있는 것이라고 했다. 그러니까 고작 열댓 명의 학생들이 교문 앞에서 말없이 모여 서 있는 것이 스웨덴식 등록금 투쟁이었던 것이다.

스웨덴의 대학생들은 우리 돈으로 학생회비 7,700원 정도만 내고 수업료 전액 무료에 월 100만원에 가까운 학생수당을 받는다. 그 외에 돈이 더 필요할 경우, 주로 복지활동

인생의 빛

관련 분야에서 일할 수 있도록 연결해 주거나 국가대출금을 지원하는데 그조차 졸업하고 취직 후 25년 안에 갚으면 된다. 심지어 45세까지 본인이 원하면 학비와 생활비를 충당할 수 있는 일자리까지 제공받으면서 계속 학생신분으로 공부를 할 수가 있어서, 대학생들의 평균연령도 한국보다 높고 대학원에서 공부하는 중장년층도 꽤 많다.

그런데, 그런 스웨덴이 당시 세계적인 경제위기의 영향으로 학생회비를 약 8만원으로 인상하겠다고 발표했던 것이다. 헛웃음이 날 일이었다. 물론 액수가 아니라 제도를 지키려는 신념과 의도에서 한 의미 있는 일이었겠지만, 당시 한국의 학내 상황과 비교하면 그저 어이가 없을 수밖에 없었다. 그때, 내가 한국을 나오기 직전에 대학들은 곳곳에서 과격한 등록금투쟁으로 몸살을 앓고 있었다. 학생들이 총장실을 점거하고 단식에 삭발까지 하며 눈물로 호소하던 기사들이 줄을 이었다. 그래도 상황은 달라지지 않았고 그렇게 해도 소용이 없다는 걸 안 아이들이 그 이후에는 등록금에 보태기 위해 방학을 꼬박 아르바이트에 바치고 큰 돈 벌게 해 주겠다는 사기단에 속아 강탈까지 당하는 상황으로 내몰리기 시작했다.

지금도 수업시간에 아르바이트 하느라 잠을 못 잤다거나 수업에서 조금 일찍 나가야 한다고 양해를 구하는 아이들을 보면 너무 안타깝다. 심지어 책을 꼭 사야 하냐고 묻는 아이들도 있는데 그럴 때면 마음이 아프다 못해 우리 사회에 화가 난다. 웁살라에서의 그날 장면까지 겹쳐지면 한없이 기운이 빠지기도 한다. 게다가 선거철마다 우리는 힘 있는 어른이라 등록금을 반드시 반값으로 낮춰줄 수 있다며 절박한 학생들과 학부모들 눈앞에 주지도 않을 사탕을 흔들어대는 정치권들을 볼 때면 희망마저 포기하고 싶어지기도 한다.

가장 안타까운 것은 그런 상황을 다 알면서도 아이들에게 대학만 가면 하고 싶은 대로 다 할 수 있으니 무조건 공부만 하면 된다고 거짓말을 하는 어른들이다. 수업을 하다보면 엄마가 수강신청을 해줬기 때문에 자신도 수업을 왜 신청했는지 모른다고 말하는 학생이 있었다. 자기가 무엇을 좋아하는지 몰라서 진로를 계획할 수 없다는 학생들은 더 많았

다. 어려운 지식은 잘 암기하는데 그것을 자기 삶과 연관시키는 데는 0점 상태에 있는 학생들이 태반이라 해도 과언이 아니다. 평생을 헌신해서 자식을 대학에 보내 놓은 부모들은 큰 의무를 다했다는 해방감에 안심할지 모르겠지만, 대학생들은 대학에 들어와 비싼 등록금과 취업에 대한 압박에 시달리고 철석같이 믿었던 여행, 농활, 봉사활동, 취미생활, 자유로운 독서 같은 꿈 같은 활동은 즐길 시간적 여유가 없다. 조별활동조차 성과중심의 역할분담에 집중할 뿐, 조원들과 친구가 되는 경우는 드물다. 물론 모든 대학생들의 생활이 다 그런 것은 아니지만 대부분의 대학생들이 이 이야기에 공감할 거라 생각한다. 그래도 학부모들 중에는 대학 졸업 후 안정된 직장을 갖고 나면 그렇게 고생시켜 준 것에 고마워하지 않겠냐며 스스로 위안하는 사람들도 있다. 혹은 내 자식 내 방식대로 교육시키겠다는데 남이 참견할 일이 아니라고도 말하는 사람들도 있었다. 하지만 누구도 자기 자식이 결코 자신 밖에서 강요되는 조건에 의해, 그것도 혼자서 행복해질 수 없다는 사실을 알아야 한다.

옵살라대학의 강당 입구에 이런 문구가 있다. '자유롭게 생각하는 것은 위대한 일이다. 그러나 그보다 더 위대한 것은 올바르게 생각하는 것이다.' 나는 그 날 옵살라대학 앞의 학생들과 이 문구를 보면서 지식의 의미에 대해 생각했다. 지식이 사회에서 경쟁적 생존지위를 차지하기 위한 공적인 수단으로써만 기능한다면 그것으로 형식적 성취는 얻을 수 있을지언정, 무한한 내면의 성장을 이루지는 못 할 것이다. 혼자서 물질적 안정을 이룰 수는 있지만 그만큼 사람들로부터 소외된 고독한 삶과 맞바꾸어야 한다. 그렇게 해서는 행복한 사회와 행복한 개인을 만들기 어렵다.

그래서 지식은 돈을 벌기 위해 돈으로 축적하고 그만큼 지위와 권력을 환산되는 수단이 되어서는 안 된다. 더욱이 개인의 자유를 최상의 가치로 하는 자유민주주의사회에서는 개인의 자유를 실현할 수 있는 능력이 지식과 직결되어 있기 때문에 더더욱 배움의 기회가 차별적으로 사유화되어서는 안 된다. 특히, 고등지식이 공공화되어 있는 사회일수록 경제수준과 행복지수 둘 다 높은 경우가 많다. 모든 국민이 고등지식을 얻는 데 전 에너지를 쏟지 않아도 되고 사회의 다양한 분야가 고등지식을 자유롭게 접함으로써 효율적으로 상향평준화될 수 있는 요소 때문이다. 이제 한국도 대학들이 학벌사회에 기대어 간신히 지키고 있는 진리의 상아탑이라는 허울 좋은 권위의식을 버리고 시공을 초월해서 지식습득이 자유로워진 사회에서 국민 전체의 지식에 대한 열망에 어떻게 올바르게 부응할 수 있을지 함께 이야기할 때이다. 모두의 행복과 공동성장을 위해 지식의 생산과 전수, 나눔이 선순환되는 지식생태계를 새롭게 구성하는 것, 그것이 이 시대에 대학이 올바르게 생각해야 할 과제 중 하나이다.

세계 최고의 생태도시, 함마르뷔, 국가와 국민의 합작 – 스웨덴 함마르뷔에서

스웨덴 남동쪽에는 호수에 둘러싸인 도시라는 뜻의 함마르뷔라는 도시가 있다. 스웨덴 정부가 전지구적 생태위기에 대응하기 위해 자연과 인간의 공생을 도모하고자 symbiocity 라는 도시개발시스템을 고안했는데 함마르뷔는 그 중 가장 성공을 거둔 도시이다. 함마르뷔에서는 자동차들이 완전연소 장치를 갖추어서 매연이 없고 사람들이 가까운 거리는 대부분 자전거를 이용하고 스톡홀름 도심으로 오가는 장거리는 트램을 이용하기 때문에 주택가나 중심도로나 공기가 똑같이 맑다. 어디에서든 맑은 공기를 즐기며 걸을 수 있다.

함마르뷔에 갔던 날, 초입에 있는 역에 내려서 지도도 없이 그저 발길 닿는 대로 걸어다녔다. 길가의 가로등, 건물 외벽이나 지붕마다 태양열판과 3중으로 된 통유리창 그리고 그린지붕을 사용해서 에너지사용을 최소화하였고 트램과 완전연소장치를 장착한 자동차, 대중적인 자전거 사용을 통해 교통수단으로 인한 탄소발생량을 최대한 낮추었다. 함마르뷔는 탄소배출량 0에 도전할 만큼 세계 최고의 생태적인 도시이다.

그런 환경을 가능하게 하는 기술적 요인들에는 여러 가지가 있는데, 중요한 것은 모

든 에너지들이 선순환체계를 갖추었다는 것이다. 특히 함마르뷔의 쓰레기 처리시설은 그 체계의 혈맥 같은 역할을 한다. 함마르뷔에는 모든 건물마다 쓰레기 분리시설이 있었는데 실내의 벽에 설치된 것도 있고 공동주택 마당 곳곳에 세워져 있는 것도 있었다. 함마르뷔를 뒤덮고 있는 태양열판만큼이나 곳곳에서 눈에 띄었기 때문에 처음에는 쓰레기통이라고 생각하지 못 했다. 세계 최고의 생태적 신도시가 온통 다 쓰레기통일 리가 없다고 생각했기 때문이다. 그런데 열쇠는 거기에 있었다. 사람들이 쓰레기를 종류별로 분류해서 버리면 그 쓰레기들이 공기압축으로 중앙연소기로 옮겨져 천연가스로 만들어졌고 그 가스는 도시의 자동차 연료와 생활연료로 싼값에 공급되었다. 또 그렇게 쓰레기를 태우거나 하수를 처리할 때 발생하는 열로 도시난방의 70%를 충당한다고 한다.

그런데 내가 스웨덴에서 그런 함마르뷔를 보며 감탄하고 있던 2010년 그때, 이명박 전 대통령이 스웨덴을 방문했다. 함마르뷔 등 스웨덴 여러 곳에서 아이디어를 얻은 이명박 대통령은 귀국 후 곧 녹색성장 국가전략을 발표했고 한국에서도 함마르뷔 같은 생태도시를 건설하겠다는 포부를 밝혔다. 물론 그 이후로 기술적인 측면과 몇몇 산업 분야에서 일부 긍정적인 성과도 이루었지만, 그 해 비슷한 시기에 용산 재개발 강제철거 사건이나 그와 유사한 여러 사건들을 떠올리면 생태도시의 진정한 의미에 대해 다함께 숙고할 필요가 있다는 생각이 든다.

도시는 사람들의 생명과 염원이 하나로 얽혀서 움직이는 하나의 살아있는 그물망이다. 그렇기 때문에 국가 주도로 단순히 보이는 기술체제나 환경만을 변화시킨다고 해서 그 생명력이 갖추어지는 것이 아니다. 국가가 위로부터 자연에너지와 인간의 노동력을 생태적으로 순환시키는 시스템을 잘 구축해 놓는다 해도 그것이 자율적으로 자생력을 가지고 계속 진화해갈 수 있게 하는 다른 원동력이 뒷받침되지 않으면 도시는 유기적 생명체로서 완전체가 될 수 없다. 그 원동력은 다름 아닌 아래로부터 생태적 삶의 양식으로 전환하는 노력들이다. 먹고 입고 자고 일하고 사고 쓰고 버리고 다니고 노는 생활의 모든 부분에서

인생의 빛

시민 한 사람 한 사람이 생명에 대한 애정과 책임의식을 가지고 삶의 방식을 바꾸지 않으면 허사다. 국민의 주체적 실천이 뒷받침될 때 국가적 노력도 그와 만나 더 실질적인 방향으로 전개될 수 있는 것이다.

　　함마르뷔는 원래 산업폐기물을 처리하는 곳이었다. 그런데 그 곳의 노동자들이 협동조합활동을 통해 지금의 함마르뷔라는 훌륭한 곳을 만들어 내었고 그곳의 주인이 되었다. 도시 변화에 대한 국민들 스스로의 노력이 국가적 노력이 잘 어우러진 좋은 선례이다. 본보기가 될 만하다.

　　스웨덴을 움직이는 힘은 신뢰다 - 만원 버스정류장에서

　　11월의 어느 날 버스 정류장에서 버스를 기다리고 있었다. 당시에 나는 버스카드를 사서 늘 청바지 뒷주머니에 넣고 다녔는데 그 날은 어찌된 일인지 아무리 찾아도 주머니에 표가 없었다.

　　그날이 주말이었고 이케아 매장에서 스톡홀름 시내로 가는 승객들이 많은 시간대였던 지라 버스는 사람들로 꽉 차 있었다. 정거장에 있던 다른 사람들이 다 승차하고도 약 20초 정도가 지나도록 표를 찾지 못하자 만원버스를 더 이상 지체시켜서는 안 될 것 같아 나는 운전사 아저씨에게 그냥 가시라는 손짓을 보냈다. 그런데 운전사 아저씨는 초조한 내 표정과는 다르게 너무 여유 있는 얼굴로 나를 내려다보고 있었다. 가시라는 내 손짓에 아저씨는 큰 일 아니라는 표정으로 고개를 11시 방향으로 살짝 퉁기며 그냥 타라는 신호를 보냈다. 겸연쩍어하며 버스에 오르니, 아저씨가 다정하게 웃으며 괜찮단다. 집에 가서 잘 찾아보면 있을 거라며 오히려 나를 위로해 주었다.

　　스웨덴은 버스표 못 살 만큼 가난한 사람이 없으니 아저씨가 나를 불쌍히 여겨 자비를 베푼 것 같지는 않았다. 그보다는 내가 표를 산 것을 의심하지 않는 믿음이 있었기 때문이었을 것이다. 스웨덴은 신뢰사회이다. 기차도 표만 살 뿐이지 웬만해서는 검사를 하지 않는다. 물론 불시검사를 했을 때 표가 없으면 엄청난 벌금을 물게 되어 있지만 그나마도 그런 걸 하기는 하나 싶을 정도이다. 그런데도 사람들은 성실하게 표를 사서 다닌다. 서로가 서로를 믿는 것이다. 그날 운전사 아저씨도 나를 믿었을 것이다. 기본적으로 표를 구매했다는 것을 믿는 이상 그 상황에서 실수로 표 한 번 안 가져나온 사람을 추운 길에 버려두고 갈 이유는 없다.

나는 그렇게 인간의 선함을 기준으로 만들어진 사회시스템과 그 속에서 서로를 믿는 스웨덴 사람들의 마음씨가 부러웠다. 신뢰는 스웨덴 사회를 움직이는 가장 근본적인 힘이다. 스웨덴에서 신뢰에 의한 그런 체제들은 기계시스템을 통해 인간의 불신을 통제하는 사회와는 다른 차원의 편리함과 효율을 낳고 있었다. 기계적 편리성과 합리적인 계산이라는 명분에 익숙해져서 사람을 보지 않고 그저 제 갈 길만 혼자 왔다갔다만 하는 사회에서는 사회가 나를 믿는 타인의 마음과 그런 마음이 하나로 얽힌 큰 사랑의 그물과도 같은 것이라는 걸 느낄 겨를이 없다. 자신이 속한 사회에 안정감과 소속감, 소중함을 깨달을 계기를 만나는 것도 쉽지 않다. 그런 마음이 또 얼마나 도덕적으로 성숙하고 풍요로울 뿐 아니라 경제적으로도 여유 있는 삶을 보장하는지에 대해서도 깨달을 리 없다. 늘 그 사회를 원망하고 떠나고 싶어 하기 마련이다.

우리사회에는 생각보다 선한 사람이 많다. 그리고 선한 사람을 믿고 좋아하는 사람은 더 많다. 그러니 습관적으로 불신을 경계하고 불평하는 데 쏟아 붓던 힘들을 보다 인간에 대한 믿음을 사회시스템으로 구현하는 데 힘을 모아보면 어떨까? 금전적 거래의 신용사회를 넘어서 사람의 선한 마음과 노동을 믿음으로 주고받는 사회야말로 우리가 행복해지기 위해 추구해야 할 원래 신뢰사회의 모습일 것이다.

명품보다 찬란한 명인의 빛 - 파리, 샹젤리제 거리에서

　나는 크리스마스 시즌에 파리에 갔다. 스웨덴보다 훨씬 환하고 해도 길었지만 유럽의 겨울이 전반적으로 어둡고 습해서 기분상으로는 스웨덴이나 별 차이가 없었다. 아마 크리스마스 주간이라 상대적으로 더 그렇게 느껴졌던 것 같다. 그렇지만 크리스마스 때가 아니더라도 그때 이후 겨울철의 파리는 내게 다시 가고 싶지 않은 곳이 되었다.

　특히, 진눈깨비 날리던 크리스마스이브의 샹젤리제 거리는 한국에서 갖고 있던 파리에 대한 나의 낭만적인 환상과 기대를 무너뜨렸다. 거리에서 들려오는 감미로운 샹송과 함께 파리 고유의 낭만을 만끽할 수 있기를 바랐는데 실제 샹젤리제 거리는 명품가게들로 줄지어 있었다. 물론 명품 좋아하는 사람들에게는 좋은 곳이겠지만, 내게는 별 재미가 없었다. 온통 천연가죽 모피로 된 제품들을 쌓아 놓고 위세를 부리고 있는 명품가게 간판들을 나는 좀 역겨워하기 때문이다. 명품산업 때문에 얼마나 많은 동물들이 잔혹하게 죽어야 하고 가난한 노동자들이 얼마나 비윤리적인 살생을 감행해야 하는지 안다면 명품을 그렇게 쉽게 열망할 수 없을 것이다. 게다가 고작 부유층의 특권의식이나 허세를 누리기 위한 것이라면 그 마음은 더더욱 불편해질 것이다. 그런 이유로 나는 명장의 혼신이 담긴 작품이라는 뜻을 제외하고 개념 없는 사람들의 속물적 욕망의 상징이라는 것 외에 명품에 다른 의미를 두지 않는다.

물론 이것은 어디까지나 나의 가치관이다. 그날 샹젤리제 거리에는 이런 나와는 무관하게 명품상점마다 동양여자들이 넘쳐났다. 쇼핑하러 매장에 들어간 일행을 입구에서 기다리고 있었는데 사람이 너무 많아서 길 건너 일행 눈에 잘 띌 만한 곳으로 자리를 옮겼다. 그런데 좀 있자니 중국 아주머니 두 분이 내게 다가왔다. 다짜고짜 짧은 영어로 본인들 대신 명품을 사다 달라고 요구했다. 그 무례함이 당황스러워서 대꾸를 하지 않고 쳐다만 보았더니, 그제야 자기들이 중국으로 명품을 떼다 파는 보부상들인데 중국 정부가 한 사람당, 해외에서 사들일 수 있는 명품 개수를 제한해서 원하는 만큼 살 수 없으니 대신 좀 사다달라고 설명했다. 부탁도 아니고 미안해하는 기색도 없어서 나는 그 아주머니들이 불쾌했다. 그래도 한편으로는, '아, 그래 이 아주머니들도 추운 겨울에 여기까지 와서 이렇게 해야 자식들 키우고 사는가보다' 싶어 그냥 사다 줄까 하고도 순간 생각했지만 결국은 아주머니들이 기분상하지 않도록 얌전히 거절했다.

자식은 돈으로만 키우는 게 아니다. 더욱이 자식 키우는 돈을 그렇게 벌어서는 안 된다고 생각한다. 물물교환의 시대를 넘어 등장하게 된 돈의 핵심은 시간과 공간, 대상을 초월해서 인간의 욕망을 무한히 교환하고 축적할 수 있는 수단이라는 데 있다. 따라서 돈의 액수가 그 사람의 욕망을 실현할 수 있는 능력을 입증하고 비싼 물건일수록 그 사람의 자존감과 권위를 높여주는 척도가 되었다. 그래서 명품을 통해 자신이 높은 사람이라는 안정감과 성취감을 느끼게 되는 것이다. 그러나 안타깝게도 경제적 지위가 높은 사람이 명인은 아니라는 것은 알지 못 한다. 더욱이 그렇게 얻은 행복이 오래가지 않는 것이고 신상품을 사지 못 하면 더 불행해진다는 사실도 모른다. 적어도 자식에게 주는 돈에는 그 부모 자신

인생의 빛

의 애정과 헌신, 진정어린 노동의 이야기들이 담겨야 한다. 부모에게 받은 돈에 담긴 돈 이상의 가치와 인간 자체의 기품을 배울 수 있게 해야 한다. 부모로서의 노동은 그래서 숭고한 것이다.

어느 수업에선가 여학생 한 명이 가방과 신발, 액세서리까지 모두 명품이라며 옆 친구에게 자랑을 한 적이 있었다. 친구도 '어머, 진짜?'를 연발하며 감동적으로 반응해 주고 있었다. 교육철학 수업이었던 만큼, 다소 충격을 받을지라도 나는 그 두 아이들에게 화두를 주고 싶었다.

_"너는 어디 꺼야? 너도 명품이니?"

명품과 명인은 다른 개념이다. 돈의 무한한 교환성에 입각해서 한번 상상해보자. 돈으로 명품뿐 아니라 인간도 살 수 있다면, 사람들이 사고 싶어 하는 명품인간은 어떤 사람일까? 사람들이 명품을 가장 많이 가진 사람을 사려할까? 사람을 물건처럼 가질 수는 없기 때문에, 늘 되새기고 닮고 싶고 언제나 곁에서 자신의 삶을 빛나게 해 줄 좋은 사람을 가지고 싶어 하지 않을까? 그런 의미의 명인은 명품보다 영구적이고 본질적인 것이다. 그런데 그런 명인은 돈을 주고 살 수 없고 사지 않아도 된다. 그런 명인은 돈으로 만들어지지 않고 사고 팔 수가 없기 때문이다. 명인을 만드는 것은 돈이 아니다. 어려서부터의 부모와 충분한 애착관계, 칭찬과 격려, 실패와 반성, 고난과 극복, 인내와 겸손, 죄와 용서, 상처와 회복, 갈등과 포용, 희망과 창조적 시도를 끊임없이 경험하는 과정을 거쳐 만들어지는 것이다. 자기 자신에 대한 사랑과 타인에 대한 신뢰를 잃지 않으면서 굴곡 있는 삶을 부단히 견뎌내고 지혜롭게 선의의 결과를 만들어낸 사람에게서는 그 자체로 큰 에너지와 빛이 난다. 그 옆에서는 영혼 없는 명품으로 치장한 사람일수록 더 초라해 보인다.

나는 내 제자들이, 우리 아이들이 그런 불행에 빠지지 않으면 좋겠다. 언제 어디서 무

엇을 하더라고 내면의 빛이 나는 사람이 되기를 바란다. 그 빛은 가난하고 힘들수록, 또 늙어갈수록 더 밝게 스스로 빛나는 빛이다. 그 빛을 잃지 않으면 점점 더 기품 있는 사람으로 여물어 갈 것이다. 그 위대한 빛은 상품이 아니라 바로 자기 자신 안에 있다.

'현실은 허구를 능가한다' – 라 데팡스, 세자르의 '엄지손가락' 앞에서

파리의 신개선문이 세워진 라 데팡스 지구에 가면 누보레알리즘(Nouveau Realism)의 대표적인 조각가인 세자르의 '엄지손가락'이라는 작품이 있다. 누보레알리즘은 프랑스에서 1960년대 등장한 신사실주의 미술사조인데, 근대의 이성이 추구해왔던 추상적 이상과 인간이성주의, 그리고 그것에 근거한 기존의 표현방식과 미적 기준들을 파기하는 특징을 지닌다. 따라서, 프랑스의 누보레알리즘 작가들은 <현실은 허구를 능가한다>라는 명제로 이 미술사조 운동을 전개하기 시작하였다. '현실을 논쟁하지 않고 그대로 기록한다'는 기치 아래 현대의 현실 자체를 인식하고 그에 대해 작가의 주관적 감성을 표현하는 방식을 취하였다. 누보레알리즘은 이렇듯 근대의 이데올로기적 판단과 해석을 탈피하고 그에 입각했던 정형화되고 정상으로 여겨져 왔던 표현방식들을 거부하는 경향을 보이는데 특히, 현대인류가 살고 있는 도시의 현실 자체를 인식하고 그것을 분해하거나 확대, 축소하여 자신만의 느낌으로 표현하는 것이 특징이다. 또한 철학적으로 근대이성주의와 인간중심주의, 산업자본주의의 지배성과 파괴성을 비판하는 성격이 강한 것에 주목하게 되는데, 그러면서도 근대성이 아닌 자연 자체와 현실 자체, 인간 본연의 생명력과 창조성을 긍정하는 면을 함께 내포하고 있어서 누보레알리즘의 작품들 중에는 강렬한 비판과 파괴가 담고 있는 긍정과 부정의 이중성을 느낄 수 있는 것들이 많다.

그 중에서 세자르의 '엄지손가락'은 이제까지의 근대 역사를 만들어 온 인간 이성과

줄기찬 노동에 대한 찬양과 반성의식을 동시에 느끼게 한다. 세자르는 7개의 같은 엄지손가락 작품을 전 세계에 곳곳에 남겼는데 우리나라에도 그 중 하나가 올림픽 공원에 설치되어 있다. 신사실주의 자체가 특정 주류의 해석을 거부하는 풍조이기 때문에 세자르의 작품에 대해 이렇게 느끼는 것이 옳다는 식의 해석을 제시하는 것은 그의 작품을 대하는 올바른 자세가 아닐 것이다. 엄지손가락이 상징하는 추상적인 의미보다 그 어떤 의미로도 왜곡되지 않은 엄지손가락 자체를 인식하는 것이나, 보는 이들 저마다의 감상이 그의 작품의 도일 수도 있기 때문이다.

그렇지만, 세자르의 작품이 주로 현대산업자본주의와 소비사회의 단면을 표현했다는 평을 염두에 두고 그의 작품을 바라볼 때, 그의 엄지손가락 작품이 각자에게 어떤 생각이 들게 하는지에 대해서는 함께 이야기해 볼 만하다.

라 데팡스에는 세자르의 엄지손가락뿐 아니라, 다른 조각작품들도 많은데 그 중에서도 모 호텔 앞에 머리 없이 얼굴만 있는 Kberii 조각작품도 세자르의 작품과 함께 오브제의 표현방식과 탈근대주의에 대해 생각해 보기에 더 없이 좋은 작품 중 하나이다. 학생들과 함께 이야기할 때, 세자르의 엄지손가락이 마치 페이스북의 '좋아요'와 똑같이 생겼다며 인류역사의 대서사보다는 개인들의 소소한 일상에 '좋아요'를 눌러주는 작은 관심이 더 가치 있다는 의견도 있었고, Kberii의 얼굴상을 보면 보컬그룹 '노 브레인'이 떠오르기도 하고, 왠지 모를 해방감과 편안함이 느껴진다는 의견도 있었다.

다행히 전 세계에 있는 세자르의 엄지손가락 7개 중 하나가 우리에게 있으니, 올림픽 공원의 엄지손가락 밑에서 아이들과 함께 세자르처럼 세상을 한번 다른 시각으로 바라보는 연습을 해 보면 어떨까?

인생의 빛

VATICAN

바티칸

천재가 뭐길래 – 바티칸 미켈란젤로 성화 앞에서

바티칸 건물 내부에는 화려한 성화들이 바닥과 벽, 천장을 빈틈 없이 메우고 있다. 그래서 관광객들이 많을 때에는 아주 느리게 줄지어 걷거나 대기했다가 그림들을 둘러봐야 하는데 가이드의 설명을 들으면서 자세히 보려면 시간에 쫓길 때도 있다. 워낙 그림 천지라 혼자 보면 다 그게 그 그림 같고 쉽게 지루해져서 그냥 스쳐보다 나올 수 있기 때문에 바티칸 내부를 둘러볼 때는 미술사에 조회가 깊은 가이드와 동행하기를 권한다. 나는 운 좋게 당시 로마에서 미술사를 전공하면서 방학 때 관광가이드로 아르바이트를 하는 한국 유학생의 안내를 받을 수 있었다. 타는 듯한 여름 날씨에 연일 몇 팀씩 관광안내를 해야 했는데도 그 가이드 분은 귀에 쏙쏙 들어오는 입담으로 각 그림에 대한 해박한 설명뿐 아니라, 미술사 속 재미있는 야사와 현대 미술산업의 비화까지 열과 성의를 다해서 들려주었다.

그 중에서도 미켈란젤로에 대한 한 이야기가 아직까지 기억에 남는다. 미켈란젤로가 바티칸의 성화들을 그리게 된 배경이나 여타의 다른 에피소드들도 많지만 그것은 그가 바티칸 성화에 얼마나 많은 열정을 쏟았는지를 알 수 있게 해 주는 최고의 이야기였다. 가이드 얘기에 따르면, 미켈란젤로는 4년간 아무도 현장에 들어오지 못 하도록 하고 혼자서 그림을 완성했다고 한다. 문제는 시스티나 성당의 천정벽화인데, 천정에서 안료가 떨어져서 얼굴에 피부병이 든 것은 물론이고 눈에 떨어지는 안료 때문에 그림을 잘 그릴 수 없게 되자 성냥개비로 아래위 눈꺼풀이 깜빡거리지 않도록 고정해 놓고 계속 그림을 그려 눈병까지 얻었다고 한다.

  왜 위대하고 아름다운 것들은 고통 없이 만들어지지 않는 것일까? 흔히들 쉽게 미켈란젤로를 천재화가라고 부르며 부러워하고 칭송하지만, 그와 또 다른 천재와 위인들이 인생의 얼마나 긴 시간 동안 고통스러운 노동에 자기 생명을 바쳤는지를 생각하면 아무리 그들 자신이 좋아서 한 일이라 해도 안쓰러운 마음을 지울 수가 없다. 고도의 집중력을 요하는 작업이라 사람들 속에 있을 수도 없고 곁에 친한 사람들도 둘 수도 없었을 것이다. 뿐만 아니라 미켈란젤로는 그렇게 고독하고 고통스럽게 번 돈을 평생 동안 가족을 부양하는 데 썼다고 한다. 일생 일을 하지 않았던 한량 같은 아버지와 무능한 형, 그리고 조카들을 부양하는 데 밑 빠진 독에 물을 붓듯이 헌신한 것이다. 그런 그의 인생사에 그림과 조각 외에 그의 심정을 알아주는 게 또 있었을까 하는 생각이 들었다.

  그러나 한편으로는, 미켈란젤로가 기꺼이 그랬듯, 천재든 일반인이든 가족을 먹여 살리는 것 외에 자기 재능을 우선적으로 써야 할 데가 또 있을까 하는 생각도 들었다. 가족이 무능하든 유능하든, 알아주든 몰라주든 그것은 그 자체로 인간의 선한 의무인 것이다. 세상에 수많은 사람들이 자기 재능으로 직업노동을 하고 그 대가로 가족을 부양하며 살아가고 있다. 미켈란젤로처럼 천재나 위대한 예술가는 아니지만 그렇기 때문에 미켈란젤로만큼 고독하지는 않을 것이다. 적어도 미켈란젤로가 살지 못 했던, 가족과 사랑하는 사람들과 평범한 일상을 만끽하는 삶을 누릴 수 있기 때문이다. 자기 재능으로 남을 살리는 일은 억울한 것이 아니다.

인생의 빛

PRAHA

프라하

프라하 성의 두 얼굴 – 체코, 프라하 성에서

유럽에는 저가 항공사가 많아서 평일이나 비수기에 세금만 지불하는 항공권을 쉽게 구매할 수 있다. 대신 도착시간이 새벽이나 밤늦은 시간인 경우가 많은데 그런 것에 개의치 않았던 나는 프라하에 갈 때에도 밤늦게 도착하는 저가 항공권을 이용했다. 프라하의 숙소에 도착했을 때 거의 밤 12시쯤이었는데, 민박집 주인아주머니는 내가 집안에 들어서자마자 바로 발코니로 안내했다. 여행책자에 그 집이 프라하 시내에서 프라하 성이 가장 잘 보이는 집이라고 소개되어 있어서 내심 기대를 하고 갔지만 그렇게 배낭도 내려놓기도 전에 끌려갈 정도일 줄은 몰랐다.

그런데 내심 '아이, 아주머니 성격도 급하셔'하며 어버버하게 발코니 문턱을 넘는 순간 나는 숨이 멎는 듯했다. 인생에서 가장 눈이 휘둥그레졌던 순간을 다섯 손가락 안에 꼽으라면 나는 프라하 성을 처음 보았던 그 순간을 빼놓을 수 없다. 프라하 성만큼 높은 위치에서 프라하 성의 야경을 한 눈에 본 사람이라면 그때의 내 느낌에 공감할 것이다. 카를

교나 근처 강가에서 올려다보는 것과는 또 다른 느낌이었다. 어두운 밤이라 프라하 성을 받치고 있는 산세도 잘 보이지 않았고 도시의 불빛도 거의 꺼진 상태라 성이 밤하늘에 떠 있는 듯 보였다. 게다가 활활 타는 듯한 금빛 야간조명을 받아 마치 달빛을 타고 떠다니는 외계의 성을 보는 것 같았다. '지구상에 이렇게 아름다운 광경이 존재하다니!' 나는 넋을 잃었다. 그나마 주인아주머니가 방을 안내해 주겠다며 말을 걸지 않았다면 아마 동이 틀 때까지 그 자리에 그대로 서 있었을 지도 모른다.

다음날 아침, 나는 일어나자마자 부리나케 프라하 성으로 향했다. 내가 도착했을 때 프라하 성 매표소에는 이미 많은 사람들이 줄을 서 있었다. 약 40분 정도 기다린 끝에 비투스 성당 안에 들어갔다. 그 내부가 외관 못지않게 대단했는데, 무거운 고딕양식과 정교한 장식들이 서유럽의 것보다 더 위엄 있고 깊이 있는 분위기를 자아냈다. 또 체코의 천재적인 국민 예술가인 알폰스 무하(Alphonse Mucha)와 그 외 여러 작가들의 스테인드글라스 작품들은 성안으로 쏟아지는 햇살들을 신의 성광(聖光)으로 느껴지게 했다. 그 밖에도 프라하 성이 얼마나 아름다운지, 그 감동을 정확하게 표현하는 것은 그리 쉬운 일이 아닌 것 같다.

그러나 어떤 것이든 아름다운 것의 이면에는 그만큼의 추한 것도 있기 마련이다. 프라하 성 주변에 작은 집들이 모여 있는 황금소라는 곳이 있다. 원래는 병사들의 막사로 쓰였던 곳이라는데, 프라하 성을 지을 당시, 건축에 종사한 예술인들의 숙소로 사용되었다고 한다. 문제는 그 집들이 모두 지나치게 작다는 것이다. 성인 남자가 몸을 숙이고 들어가야 할 만큼 입구도 작고 집의 높이나 폭도 몸을 웅크려야 할 만큼 낮고 좁았다. 관광객들이 어느 한 집에 들어가 창문으로 고개를 내밀고 사진을 찍으면서 재미있어 했다. 그런데 나는 그것을 보면서 소형자동차에 얼마나 많은 사람이 들어가는지 실험하기 위해 사람들을 억지로 꾸겨 넣는 TV속 장면이 연상되었다.

하늘을 찌를 듯 위풍당당하고 거대한 프라하 성에 비하면 황금소의 집들은 기가 찰

인생의 빛

정도로 작았다. 그 곳에서 9세기말부터 18세기에 이르기까지 약 900여 년 동안 프라하 성 건축에 종사했던 예술가들과 기술자들이 몸도 제대로 못 펴는 집에서 생활하면서 노역하다 이름도 없이 죽어갔을 생각을 하면 말문이 막힌다. 성을 짓는 긴 세월 동안 때때로 흑사병을 막는다거나 신국을 건설한다는 등의 명분이 내세워졌지만, 사람들을 그렇게 장난감 같은 집에 꾸겨 넣으면서까지 그 거대한 성을 지어야 할 진짜 명분이 무엇이었을까? 하나님의 성을 짓는 데 죽도록 헌신하면 죽어서 천국에 갈 수 있다는 신앙이었을까?

종교가 하는 일 중에, 현실에 존재하지 않는 천국을 개념화해 놓고 죽어서 그곳에 가기 위해 살아있는 현실을 지옥으로 만드는 것만큼 어리석은 것은 없다. 확인할 수 있는 것은 현실의 지옥뿐인데도 그 명분을 길게 유지할 수 있었던 요인은 무엇이었을까? 인간이 타인을 지배하고 부릴 수 있는 정치적 명분은 추상적인 것일수록 오래 가지 못 하기 때문에 신앙이나 천국에 대한 망상을 부추기는 것만으로는 부족했을 것이다. 공포와 억압이 현실적인 역할을 했을 것이다. 자신이 착취당하고 있다는 사실조차 인식할 수 없게끔 처절한 상황에 갇히게 하는 것만큼 효율적인 지배방법은 없을 것이다. 절박한 생존상황에서 사람들은 정의로운 것을 생각할 여력이 없게 된다. 그저 자신을 착취하는 자와 그 위에 군림하는 신이 자신을 처참한 삶의 상황에서 벗어나게 해 주기만을 바라는 데 급급해지기 마련이다. 그렇게 그 작은 집에 꾸겨져 살게 하면서 더 절실하게 신을 갈구하도록 길들였을 것이다. 신체적 폭력을 가하지 않고도 마음을 지배할 수 있는 가장 간교한 방식이다.

그런 시각에서 보면, 우리가 아름다움에 취해 사진찍기에 여념이 없는 유럽의 이름난 성당들은 사실 모두 중세의 이름 없는 가련한 신앙인들의 피무덤이다. 성을 축조했던 정치적인 의도에 상관없이, 그 순진한 노역자들과 예술가들은 그저 신에 대한 충성심과 더 나은 삶에 대한 염원들을 프라하 성 곳곳에 차곡차곡 쌓아 올렸을 것이다. 프라하 성에는 두 가지 성이 공존한다. 하나는 종교적 명분을 앞세워 1세기 가까이 지배층들이 이끌어서 세운 프라하 성이고 다른 하나는 민중들의 고통과 인내, 기도와 희망이 만들어 낸 무명씨들의 프라하 성이다. 그래서 프라하 성이 세계에서 가장 오랫동안 지어진 제일 큰 성이라는 사실은 그만큼 순진한 사람들의 노고와 고통, 생명력과 재능, 희망과 염원이 가장 많이 담겨있기 때문이라고 할 수 있다. 프라하성이 세계에서 가장 아름다운 성으로 각광받는 이유는 아마도 그 때문일 것이다.

너무 많이 가지려 들면 미련하게 죽는 법이다 – 체코, 체스키크롬로프에서

프라하에서 남서쪽으로 자동차를 타고 2시간 정도 가면 체스키크롬로프라는 작은 마을이 있다. 가장 동화 같은 중세의 마을로 유명하니 꼭 가보라는 민박집 주인의 권유에 프라하에서의 마지막 날 나는 그곳에 갔다. 마을의 높은 언덕에 올라보니 옹기종기 모여 있는 작은 빨간색 지붕들이 너무 귀여웠고, 냇물 같은 블타바 강줄기가 마을 둘레를 곱실곱실 감싸며 흐르고 있었다. 아기자기하고 포근한 느낌에 유럽 최고의 동화마을이라는 말에 고개가 끄덕여졌다. 또 집집마다 창문에 꽃장식이 어찌나 예쁘던지 정말 동화 속 마을에 와 있다는 착각이 들기도 했다.

그런데 그 마을에는 그곳에서 가장 높고 흉물스럽게 생긴 거대한 성이 하나 있었다. 온통 돌로 지어져 있는데 멀리서 보면 마치 잿빛 시멘트 건물 같았고 마을 집들과는 어울리지 않게 칙칙하고 음산한 기운이 뿜어져 나왔다. 또 마을 초입에 떡 하니 버티고 있어서 동화적 감성을 잔뜩 안고 돌아가는 관광객들의 마음을 굳혀버리고 있었다.

가이드 말에 따르면, 옛 성주가 살던 성이었다는데 성주는 평생 폭정을 일삼다가 말년에 마을 사람들에게 보복을 당할까 두려워 늙기 전부터 마을사람들을 강제로 동원해 그 성을 지었다고 한다. 성벽의 돌 두께가 너무 두꺼워서 웬만한 폭격에도 끄떡하지 않고 건물 내부에 있는 것들도 레이더에 잘 포착되지 않는다는데, 도대체 어떻게 지었는지 상상

인생의 빛

이 되지 않았다. 성주는 죽을 때까지 그 성 밖을 나오지 않았다고 한다. 그게 사실이든 아니든 성의 외관만으로도 성주의 그런 심정이 충분히 짐작되었다. 어리석은 인간의 욕망과 그 속에 스스로를 가두어 버린 한 인간의 공포가 괴기스럽게 성벽을 타고 흘러내리는 것 같았다.

　도대체 마을사람들에게 무슨 짓을 어떻게 얼마나 했기에 그토록 어마어마한 성을 지을 만큼 두려웠던 것일까? 자신의 말로가 그렇게 될 것이라고 예견할 정도였다면 분명 폭정을 하면서도 행복하지 않았을 텐데, 멈추면 될 일을 그는 왜 그렇게 하지 못 했을까? 전 세계가 보물이라고 칭송하는 그 아름다운 마을보다 그에게 더 아름다웠던 것은 무엇이었을까? 또 그토록 아름다운 마을에서 오랫동안 얼마나 많은 사람들이 억울하게 죽어갔을까? 그들이 원망과 분노를 담아 하나하나 쌓아 올린 그 돌더미 속에 살면서 그는 과연 편안했을까? 그는 죽는 순간까지 그들의 원망 가득한 돌기운을 마시며 편하지 않았을 것이다.

　마음이든 물질이든 너무 많이 가지려 들면 미련하고 어리석어지는 법이다. 나만이 영원히 가질 수 있는 것은 없다. 우리 몸조차 매 순간 흩어졌다 모아졌다를 반복하다 죽어서 완전히 흩어진다. 살아 있는 순간도 내가 내쉰 날숨이 남이 들이쉬는 들숨이 되고 또 그 들숨이 다시 내 날숨이 되는 과정을 쉼 없이 반복된다. 그렇게, 사람은 다 숨길을 따라 하나로 연결되어 있다. 숨은 물질의 입자를 타고 흐르는 운동이기 때문에 통하지 않는 곳은 없고 한 존재로 연결하지 못 하는 것이 없다. 그래서 어쩌면 사람은 굳이 너와 나를 구분하지 않아도 되는 한 존재인지도 모른다. 그러니 한 사람이 자기 것을 지키려고 마음의 벽이나 물리적 장벽을 세우는 것은 부질없는 짓이다. 그저 불안감과 두려움만 키우느라 아까운 인생을 다 놓칠 뿐이다. 내가 너이고 네가 나라는 것을 모르고 들숨만 들이키려다 죽는 꼴이다. 타인의 들숨을 위해 날숨을 내쉬지 않은 죗값, 남의 마음이 곧 나의 마음이라는 것을 모르는 무지의 죗값은 사람을 단절과 고독, 두려움으로 질식시킨다. 살아있어도 죽은

삶이다.

그러니 두껍고 높은 곳, 짓는 데 너무 많은 사람이 억울하거나 죽어야 하는 곳에는 살터를 마련하지 않아야 한다. 감추거나 부도덕하게 지켜야 할 것, 두려운 사람이 많아 지기 때문이다. 그저 체스키크룸로프의 집들처럼, 햇살과 바람 잘 통하고 이웃들이 잘 드나들 수 있는 나지막하고 소박한 집에서 숨 잘 쉬고 살 수 있으면 그것으로 족한 것 이다.

'마음의 힘은 내어쓸수록 커진다' – 프라하, 존 레논 벽에서

카를교 근처에 존 레논 벽이 있다. 원래는 수도원 벽이었는데 존 레논이 암살당한 1989년부터 체코의 청년들이 자신들의 평화메시지를 전달하려 비틀즈의 노랫말을 벽에 적으면서 존 레논 벽이 되었다고 한다. 그 벽에는 비틀즈의 노래가사뿐 아니라 체코사람들 과 세계 각지의 관광객들이 남긴 글귀들도 많이 적혀 있다. 대부분 인류의 화해와 평화를 기원하거나 사랑하는 가족과 주변사람들을 위하는 글들인데, 워낙 자유롭고 다양하게 쓰 여 있어서 평화의 낙서판이라고 이름 붙여도 좋을 것 같다는 생각을 했다.

나는 그런 존 레논 벽을 보면서 선한 마음들을 한 공간에 담아내는 것이 사람들에게 얼마나 큰 힘을 줄 수 있는지 새삼 깨달았다. 우리도 학교마다 게시판이나 담 한 면을 아 이들에게 평화의 담이나, 사랑의 담으로 꾸며서 주면 어떨까? 또 동네에도 동사무소나 공 원 같은 곳에 마을 사람들의 고운 생각을 적고, 서로 도울 수 있는 일들을 알리는 마을 낙 서판 하나 마련해 놓으면 어떨까?

마음의 힘은 내어 쓸수록 커지는 법이라 했다. 좋은 생각일수록 혼자 담아 두어서는 안 된다. 말이든, 글이든, 표정이든 생각이 드러나면 기운이 되고 기운은 곧 행동을 이끈

다. 그래서 생각하면 삶이 변하는 것이다. 한 사람의 말로 시작해서 많은 사람들의 생각이 변하고 세상이 변하는 일은 얼마든지 가능하다.

우리가 삶이 더 낫게 변하기를 바란다면 우선 우리 주변에 좋은 생각을 가진 사람들이 많다는 것부터 확인할 필요가 있다. 그것이 좋은 생각을 공유하고 다른 삶을 구상하고 시도할 수 있는 기본바탕이기 때문이다.

인생의 빛

CROATIA

크로아티아

'노우! 노우!, 응? 응!'만으로 충분하다 – 크로아티아, 스플릿의 새벽시장에서

크로아티아에 온 마을이 다 하얀 돌로 뒤덮인 스플릿이라는 곳이 있다. 그곳에 도착한 다음날 아침, 나는 일찍 일어나 매일 아침 마을광장에서 열린다는 새벽시장에 갔다. 마을의 어부들이 그날 갓 잡아 온 싱싱한 생선도 있고 과일이며 야채, 소시지에 치즈까지 신선한 먹거리들이 잔뜩 있었다. 나는 스플릿의 바다내음과 상쾌한 아침 공기, 스플릿 아줌마와 아저씨들의 왁자지껄한 활기에 취해 광장 옆 샛길 작은 골목시장까지 구석구석 돌아다녔다.

그러다가 아침잠을 설치고 빈 속에 나갔던 차라 금새 허기가 졌다. 걷다보니 호호할머니처럼 너무 착하게 생긴 할머니가 사워크라웃을 팔고 계셨는데 나도 모르게 그 앞에 멈춰서게 되었다. 사워크라웃이라는 게 일종의 양배추절임인데 맛이 우리나라의 백김치나 동치미와 비슷하다. 많이 살 건 아니었고 그저 몇 입, 맛만 보고 싶어서 할머니께 한 주먹을 쥐어 보이며 그만큼만 파시냐고 눈짓으로 물었다. 할머니 인상이 너무 좋아서 당연히 허락하

실 거라 기대했는데 할머니는 잠시도 고민하지 않고 단호하게 고개를 저으셨다. '그렇지, 아침부터 이렇게 조금만 파시라하고 하는 게 실례지'하는 찰나에 할머니께서 '노 머니, 노 머니' 하시며 사워크라웃을 두 주먹만큼이나 봉지에 담으셨다. 그냥 주시는 거였다. 나는 '노 머니, 노우'를 반복하며 손사래를 쳤는데, 할머니도 '노, 노' 하시면서 사워크라웃 봉지를 계속 내게 내미셨다. 동양이나 서양이나 어른이 정으로 주시는 건 감사하게 받는 거다.

결국 나는 봉지를 받아들고 우리네 장터에 할머니 따라 나와 할 일 없이 앉아 있는 손녀딸처럼, 할머니 옆에 쪼그리고 앉아 손가락을 젓가락 삼아서 사워크라웃을 야금야금 한주먹만큼 먹었다. 그게 질리지 않고 맛있기는 해도 좀 짠 편이라 한 입 먹을 때마다 '아우, 짜'를 연발하며 인상을 썼더니 할머니가 쳐다보시고는 계속 웃으셨다. 나도 그럴 때마다 할머니 얼굴을 쳐다보고 '히'하고 웃어드렸다.

먹을 만큼 먹고 난 후 나는 할머니 일을 좀 도와드리고 싶었는데 할머니 가게살림이 그냥 사워크라웃이 담긴 큰 통 하나가 전부여서 할 일이 없었다. 그래서 '할머니, 잠깐만요' 하고 과일가게로 달려가 여러 가지 과일을 한 봉지 사다드렸다. 할머니는 아까처럼 또 '노, 노'만 하셨다. 몇 가지 몸짓을 하셨는데 내게 주신 사워크라웃에 비해 과일이 너무 과하다는 뜻이 분명했다. 하지만 이번에는 나의 '노우'가 이길 차례였다. 그래서 나는 또 '히' 웃으며 빅허그로 할머니의 '노, 노'를 멈추었다. 헤어지면서 할머니에게 사진을 찍어도 되냐고 여쭸는데 소녀처럼 수줍어 하셨지만 기꺼이 포즈를 취해 주셨다.

할머니는 그날 내게 결코 과일 한 봉지로 셈할 수 없는 큰 선물을 주셨다는 걸 아실까? 그것은 많은 사람들이 몰리는 관광지의 천편일률적인 기념품 가게나 쇼핑몰, 대형마트에서는 절대 얻을 수 없는 것이었다. 나는 그날 할머니한테서 처음 보는 크로아티아 할머니와 바다 건너 온 동양의 노처녀가 어느 날 아침, '노, 노'와 '응, 응'만으로 가족 같은 정을 나눈 평생 잊지 못할 동화 같은 추억을 선물받았다. 그리고 더 값지게 받은 것은 낯선 사람을 어떤 눈빛으로 바라보아야 하는지를 가르쳐 준 할머니의 그 선한 눈빛이었다.

우리만 아는 빈말은 우리끼리만 하는 걸로 – 스플릿의 마리아 할머니 민박집에서

　　스플릿에 도착했을 때, 나는 숙소를 미리 정하지 않고 가서 관광안내소에 찾아가 도움을 구할 생각이었다. 그런데 그럴 필요 없이, 부둣가 곳곳에 민박집 이름과 전화번호가 적힌 종이를 들고 있거나 민박집 사진을 아예 파일로 만들어서 홍보하고 있는 사람들이 많았다. 나는 그 사람들 중에서 모자부터 신발까지 하얗게 차려입은 할머니를 선택했다. 가까이 보니 할머니 얼굴이 너무 단아하고 착하게 생겨서 여름땡볕에 호객행위를 하고 있는 게 의아할 정도였다. 할머니 이름은 마리아. 원래 남편이 주로 그렇게 나와 있는데 그날은 고기를 잡으러 가서 대신 나오신 것이라고 했다.

　　스플릿의 숙박업소는 대부분 중세 때 그대로의 외관을 유지하면서 내부는 깔끔한 현대식으로 리모델링되어 있었다. 마리아 할머니 집도 그런 식의 5층 정도 되는 건물이었는데 맨 윗층에는 마리아 할머니와 남편이 생활하시고 그 아래층은 객실과 주방과 세탁실 등 생활공간으로 사용한다고 했다. 내 방은 마리아 할머니의 옷차림처럼 온통 하얗게 꾸며져 있었는데 너무 정갈해서 방에 비해 숙박요금이 너무 싸게 느껴질 정도였다.

　　'흐흐흐'거리며 흡족해 하고 있는데, 마리아 할머니가 문을 두드렸다. 저녁식사를 할 건데 괜찮으면 함께 먹자며 나를 저녁식사에 초대하셨다. 저녁메뉴는 간단했다. 손가락 너비만큼 넓은 면발의 스파게티와 삶은 감자가 전부였다. 물론 그것만으로도 충분한 식사였지만 내게 문제는 둘 다 별 간이 되어 있지 않았다는 것이었다. 느끼했다. 웬만하면 맛있다고 했을 텐데, 맛이 어떠냐는 마리아 할머니의 질문에 선뜻 그렇다고 할 수가 없었다. 마리아 할머니는 눈치를 채셨는지 다른 것도 먹어보라며 냉장고에서 계속 이것저것을 꺼내오셨는데 불행히도 다 같은 맛이었다. 그래도 나는 마리아 할머니가 너무 고마워서 끝까지 다 먹었다. 김치가 그렇게 사무칠 수가 없었다.

　　식사를 끝내고 할머니가 내려 주신 커피를 마시며 잠깐 이야기를 나누었는데 아직까

인생의 빛

지 동양 관광객은 한국 사람보다 일본사람들이 더 많다고 하셨다. 그래도 친절하기는 한국 사람이 최고라며 전에 다녀간 한국 손님들 이야기를 들려주셨다. 모두들 할머니께 너무 고맙다고 하면서 한국에 돌아가면 편지하겠다고 하거나 선물을 보내주겠다고 했단다. 그러면서 할머니는 한국 사람들은 참 다정하다고 여러 번 말씀하셨다. 그래 나는 뿌듯한 마음에 한국에서 엽서나 선물을 받은 게 있냐고 물었는데, 할머니는 잠깐 생각하시더니 서운한 미소를 짓고는 아무 말도 하지 않으셨다.

　　마리아 할머니집을 떠나는 날 나는 새벽시장에서 과일을 사다가 마리아 할머니에게 선물했다. 그리고 우리끼리 통하는 빈말은 제발 우리끼리만 했으면 좋겠다는 생각에, 또 오겠다거나 돌아가면 연락하겠다는 말은 일부러 하지 않았다.

　　보고 싶은 뚱보 할아버지 삼총사 – 스플릿 부둣가 식당에서

　　스플릿 부둣가에서 메인광장을 등지고 오른쪽으로 쭈욱 걷다보면 관광객보다 동네 사람들로 더 많이 북적이는 식당이 하나 나타난다. 안타깝게 식당 이름이 기억나지 않는데, 마당에 놓인 낡은 나무식탁들이 우리네 시골집처럼 투박한 정겨움을 안겨주는 곳이었다. 나는 스플릿에 머무는 3일 동안 매일 그곳에 갔다. 식당의 분위기도 좋았지만, 무엇보다 그날그날 스플릿 바다에서 잡은 싱싱한 생선들을 큰 접시 한가득 구워주는 메뉴가 있었는데 그게 너무 맛있었기 때문이었다. 어디를 가도 없는 맛일 것 같은 아쉬움에 스플릿을 떠나는 날에는 두 번이나 갔다.

　　그런데 맛도 맛이지만 둘째 날 점심에 있었던 일은 정말 잊을 수가 없다. 그 날도 마당에 있는 식탁에 자리를 잡고 앉아서 주문한 음식을 기다리는데, 마주 앉은 친구의 뒷 테이블에 그 동네 할아버지 세 분이 막 자리를 잡고 앉으셨다. 나를 등지고 두 분, 그 맞은

인생의 빛

편에 한 분이 앉으셨는데, 나와 마주앉은 할아버지 한 분께서 자꾸 나를 곁눈질하시기 시작했다. 또 나랑 눈이 한번 마주치면 바로 앞의 두 할아버지에게 뭐라 뭐라 계속 속삭이셨다. 그러더니, 얼마 지나지 않아 급기야 나를 등지고 있던 두 할아버지들이 맞은 편 할아버지 옆으로 옮겨 앉으셨다. 할아버지 세 분 다 체격도 크고 뚱뚱했는데 그 작은 나무의자에 나를 향해 나란히 붙어 앉으신 거다. 그러더니 이번에는 할아버지 세 분이 각자 시간차를 두고 나를 곁눈질하기 시작하셨다. 한 할아버지는 나와 눈이 마주치자마자 금세 얼굴이 사과처럼 빨개지셨다.

할아버지들께서 그렇게 소심하게 곁눈질하시는 덕에 나는 할아버지들이 나를 보시는 것보다 더 여유롭게 할아버지들을 관찰할 수 있었다. 할아버지들은 나를 신기해하고 있는 게 분명했다. 그도 그럴 것이, 스플릿에는 젊은 동양여자 관광객이 그리 많지 않았다. 그 당시만 해도 크로아티아는 우리나라에서 지금처럼 각광받는 관광지가 아니었고 대부분 서유럽을 더 선호하는 경향이 컸기 때문이다. 그나마 길에서 자주 볼 수 있는 동양여자들은 대부분 일본 아주머니들이었다. 그러니까 내 추측에 의하면, 그 날 젊은 동양여자를 가까이 본 적 없던 이 동네 토박이 할아버지들이 아무 생각 없이 식사하러 오셨다가 나를 발견하신 거였다. 젊은 동양여자라기보다는 처음 보는 인종이나 마치 외계인을 본 듯한 얼굴에 더 가까웠다고 할까? 사람이 사람을 그렇게까지 신기해하는 표정은 나도 처음 보았다.

그런데 자세히 보니 세 할아버지 모두 스플릿 바닷물처럼 맑고 포근한 인상이었다. 할아버지가 아니라 아기얼굴을 보고 있는 듯한 착각이 들었다. 슬슬 신이 났다. 그래서 이유야 어찌 되었건, 할아버지들의 관심에 부응해 드려야 한다는 책임감에 나는 식사 중에도 틈틈이 '하이'도 하고 눈웃음과 함께 손가락으로 V자 지어보이고, 할아버지들이 너무 귀여우시다 싶을 땐 깜찍한 척, 윙크도 보내드렸다. 그러다가 먹던 음식이 좀 느끼해서 휴대용 고추장을 꺼내 짜 먹었는데, 아마 할아버지들에겐 그것조차 신기해 보였나보다. 내가 고추장을 짜는 순간 안 그래도 똥그랗던 할아버지들의 눈 6개가 동시에 훨씬 더 커지는 걸 보

인생의 빛

았다. 넘치는 호기심과 장난기에 '어디 고추장 앞세워서 자리 한번 옮겨봐?'하고 합석을 청하고 싶었지만, 그러면 할아버지들이 너무 당황하실 것 같아서 참았다. 무엇보다 그 세 분이 공유하고 계신 그 순수한 긴장감을 깨고 싶지 않았다.

그날 그렇게 할아버지들과 마주 했던 점심식사는 내게는 스플릿 바다처럼 맑고 순수한 기억이다. 아직도, 가끔 지하철에서 손에 든 휴대폰을 경계로 무심히 마주앉은 사람들 틈에 있을 때면 왠지 모르게 스플릿의 그 할아버지들이 보고 싶어진다.

스플릿에서 데려온 내 친구, 조개 당나귀 – 스플릿 광장시장에서

나는 필요 이상의 장식품을 사는 데 별 관심이 없는 사람이다. 그런데 스플릿의 광장시장에서 나는 죽을 때까지 가지고 있고 싶은 장식품을 하나 샀다. 내 인생에서 그토록 강렬하게 첫 눈에 반한 물건은 처음이었다. 바닷가에서 주은 작은 조개껍데기를 하나하나 붙여서 어떻게 그런 당나귀를 만들 상상을 했는지 … 내 눈에 그 이상의 천재적인 예술품이 없었다. 소심한 유럽친구가 배낭에 넣고 다니다 망가질 거라며 사지 말라고 말렸는데, 나는 '네가 예술의 세계를 아냐'는 핀잔 한마디로 일축해버렸다. 한국의 기념품 가게, 마트, 백화점에서는 절대 볼 수 없는 물건을 만난 그 신선한 충격을 자연 속에서 자란 그 친구가 이해할 리 없었다.

물론 그렇다고 해서 그 당나귀의 희소성 자체에 반했던 것은 아니다. 그 당나귀에는 당나귀도 있고 앙증맞은 조개도 있고 스플릿 바다의 파도도 밀려와 있고 크로아티아의 영롱한 햇살과 바람도 스며있다. 무엇보다 단순하고 맑게 사는 스플릿 사람들의 마음이 담겨있고 자연으로 또 다른 자연을 만드는 순수한 상상력이 춤추고 있다. 더 담아야 할 그 이상의 아름다운 것이 무엇이겠는가?

겹겹이 포장해서 한국까지 고이 모셔 온 그 당나귀는 내 책장에서 늘 나를 내려다보고 있다. 공기도 안 좋은데 고향 떠나 여기까지 오게 한 게 어떤 때는 미안하기도 하지만 내겐 이만한 기쁨과 위안이 없다. 볼 때마다 생기가 돈다.

　　사랑스러운 내 친구 스플릿 당나귀.

인생의 빛

SPAIN

스페인

졸릴 때 자는 것이 가장 능률적이다 - 바르셀로나 성가족 성당 근처에서

바르셀로나에서 가우디의 성가족 성당을 보러 간 날이었다. 숙소에서 성당으로 가는 길에 바르셀로나에서 손꼽히는 벼룩시장이 있다고 해서 그곳에 먼저 들렀다. 어딜 가든 벼룩시장은 원래 대형마트에서는 볼 수 없는 신기한 물건들이 많기 때문에 누구든 마법처럼 시간을 잊기 십상이다. 나 역시 그런 이유로 벼룩시장에 예정했던 시간보다 더 오래 머물렀다. 영화에서나 보던 중세풍의 갖가지 골동품들, 곱창 모양의 레이스가 주렁주렁 달린 원색의 플라맹고 드레스들, 한국에 없는 소소한 아이디어 주방기구들, 그리고 스페인의 대표 길거리 간식인 츄러스와 아이스크림까지, 없는 것만 빼고 있을 것들은 다 있었다. 그 많은 물건 중에 나는 기념으로 달팽이 그림과 바르셀로나 글씨가 새겨져 있는 티셔츠와 작은 모카포트 하나를 샀다. 달팽이 그림도 너무 귀엽고 당시만 해도 한국에 흔하지 않았던 모카포트까지 산데다 오매불망하던 가우디의 성가족 성당까지 보게 되어서 나는 마냥 신이 났었다.

게다가 시장 주변에 동양음식을 다양하게 맛볼 수 있는 싸고 맛있는 뷔페까지 있어서 장을 둘러본 후 점심식사도 즐겁게 할 수 있었다. 오랜만에 입맛에 맞는 동양음식도 먹고 여러 인종의 손님들을 볼 수 있어서 점심시간이 벼룩시장만큼 신나고 흥미진진했다. 혼자서 싱글벙글 과식하고 있는 내가 눈에 띄었는지 식당 매니저 아저씨가 다가와서는 혼자 와서 너처럼 밝게 먹는 사람은 처음 본다며 음료수를 손수 가져다주고 가셨다.

식사를 마친 후 나는 기분이 더 좋아져서 성가족 성당까지 걸어가기로 했다. 지도상 거리도 그리 멀어 보이지 않았고 소화도 시킬 겸 남들처럼 버스를 타고 갈 이유가 없다고 생각했던 것이다. 그런데 걷다보니 잔뜩 배를 채운 부실한 체력의 중년이 걷기에는 생각보다 멀고 지루한 길이었다. 얼마 못 가서 뜨거운 스페인 태양 아래 몸이 늘어질 대로 늘어졌고 쏟아지는 졸음에 아무 길바닥에라도 눕고만 싶어졌다. 살면서 그때만큼 태양을 피하고 싶었던 적이 없었던 것 같다. 사막에서 오아시스를 바라는 심정으로 카페를 찾았는데 불행하게도 주택가라 눈을 씻고 둘러보아도 카페 같은 것은 없었다. 지도를 보니 아직 성가족 성당까지는 반도 못 미치지 못 했다. 그 순간 나는 택시가 떠올랐다.

그런데 '아, 택시가 있었지' 하며 희망을 품는 그 순간 갑자기 도시 전체가 문을 닫기 시작했다. 상점문도 연립주택 발코니 창문들도 모두 일제히 닫혀버렸다. 검은 커튼까지 쳐졌다. 사람들도 순식간에 사라져 버리고 차도 다니지 않았다. '무슨 긴급상황인가? 경보음 같은 것도 안 울렸는데?' 물어볼 사람도 없던 나는 순간 혼자만 살아남은 공상과학영화의 한 장면 속에 던져진 것 같았다. 처음 느껴보는 공포가 밀려왔다.

오도가도 못 하고 그늘진 담벼락 밑에 쪼그리고 앉아 떨고 있는데 다행히 아주머니 한 분이 지나가셨다. 영어를 못 하셔서 손짓발짓으로 그 상황에 대해 물어봤는데, 아주머니가 단 한 동작으로 답을 해 주셨다. 아주머니는 머리를 15도 정도 왼쪽으로 기울이더니 두 손을 모아 왼쪽 뺨 밑에 대고 살포시 눈을 감으셨다. 다 잔단다. 나는 온 몸에 긴장이 풀리면서 피식 웃음이 났다. 옛날부터 말로만 듣고 그렇게 부러워하던 유럽의 낮잠시간이

인생의 빛

었던 것이다.

덕분에 나는 택시를 포기하고 성가족 성당까지 기어가듯 걸어가야 했지만 낮잠을 자고 나온 바르셀로나 사람들의 얼굴은 얄미울 만큼 쌩쌩해 보였다. 나는 그때, '4당 5락'이니, 남들 다 자는 시간에 같이 자면 성공할 수 없다는 등의 발상이 얼마나 미련하고 무지한 것인지를 새삼 확인했다. 몸의 시간을 따라 자연스럽게 잘 때 자는 것이 가장 능률적이라는 것을 알았다.

졸리면 자고 졸려 하면 충분히 재워야 한다.

보고 싶은 것들은 정면에 있고 보아야 할 것들은 이면에 있다
  - 바르셀로나, 람블라스 거리에서

바르셀로나에 가면 람블라스라는 유명한 관광거리가 있는데 나는 바르셀로나에 머무는 3일 동안 매일 그 거리에 갔다. 람블라스 거리는 약 1㎞ 정도 되는 일직선 거리에 고풍스러운 옛 건물들과 분위기 좋은 카페들이 늘어서 있고 보행자도로 양쪽으로는 3~4m간격으로 거리공연자들이 다양한 퍼포먼스들을 하고 있어서 거리 전체가 하나의 공연장 같은 느낌이 드는 곳이었다. 관에 누워 있다가 동전을 넣으면 튀어나오는 드라큘라도 있었고, 걸음을 멈춘 자세로 미동도 하지 않는 사람도 있었고 온몸에 흰 칠을 하고 변기 위에 바지를 내린 채 하루 종일 앉아 있는 남자도 있었다. 또 아이가 동전을 넣으면 다정하게 쓰다듬어 주는 동화 속 나비나 요정 분장을 한 여자들도 있었다. 물론 상업적인 느낌도 났지만 그보다는 자긍심 넘치는 거리예술가들의 상상력과 연기력 자체가 더 인상 깊었다.

한 번만 보기 아쉬운 데다 그 전날과는 다른 예술가들도 볼 수 있다고 해서 둘째 날도 갔는데, 그 때는 밤이라 젊은이들의 불쇼도 구경할 수 있었고 낮보다 훨씬 더 역동적이

인생의 빛

고 환상적인 분위기를 느낄 수 있었다. 또 콜럼버스 기념탑이 세워진 바닷가 광장 쪽으로 람블라스 거리를 빠져나와 왼쪽으로 걷다가 보면 각양각색의 뮤지션들의 향연이 펼쳐지는 해안가가 있는데 람블라스 거리와는 또 다른 흥을 느낄 수 있는 곳이었다. 스페인 풍의 젊은 락밴드도 있고 플라밍고 댄서들도 있었다. 여름 밤바다의 낭만이 한껏 묻어나는 달빛 같은 섹스폰 연주도 있고 더위를 잊게 하는 남미풍의 타악기 연주도 있었다. 더 신나는 것은 여러 나라에서 온 관광객들이 그 해안가 연주거리를 따라 걸으며 언제든 멈춰 서서 모르는 사람들과 흥겹게 춤을 춘다는 것이었다. 모르는 사람끼리 한 자리에서 함께 보고 들으며 흥을 나눈다는 게 그렇게 행복한 일인지 나는 그 때 처음 알았다. 혼자 여행왔다는 사실을 잊을 만큼 처음 본 사람들과 너무 재미있었다.

그리고 셋째 날, 나는 바르셀로나 곳곳에 있는 가우디의 유명한 건축물들 중 구엘저택을 보기 위해 람블라스 거리를 또 찾았다. 구엘저택이 도로의 좁은 이면에 있다 보니 단번에 찾기가 어려워 처음에 길을 잃고 파우광장 쪽으로 걷다가 람블라스 거리 중간 어디쯤에서 오른쪽 골목으로 몇 블록이나 더 깊게 들어갔는데 또 다른 큰 광장길이 나왔다. 그런데 그 길의 광경은 람블라스 거리와는 너무나 대조적이었다. 화려한 상가나 아름다운 건축물도 없었고 다닥다닥 붙은 3, 4층짜리 낡은 건물에는 좁은 테라스마다 빨래들이 널려 있었다. 또 허름한 세탁소, 신발가게 같은 생필품 가게들이 늘어서 있었다. 찌린 내 풍기는 길목에는 아이들이 바람 빠진 공을 차며 놀고 있었는데 바로 그 옆에서는 보도블럭 공사도 하고 있었다. 이민자들이 모여 사는 지구였다. 조금 초라해서 그렇지 어느 나라에서든 흔히 볼 수 있는 서민들의 생활지구였음에도 불구하고 화려한 람블라스 거리 바로 옆에 공존하고 있어서인지 나는 그 지역의 광경이 순간 당황스러웠다.

마닐라에서 보았던, 금빛 번쩍이는 초호화 고층빌딩 바로 밑에서 다닥다닥 천막을 치고 바로 앞 썩은 내 나는 도랑물로 세수도 하고 빨래도 하며 살던 사람들이 떠올랐다. 물론 그 정도로 그 거리가 람블라스 거리와 격차가 극심했던 것은 아니지만, 느낌은 같았다.

인생의 빛

더욱이 벤치에 앉아 쉴 때, 옆자리에 다가온 할머니는 그런 내 마음을 더 무겁게 했다.

_"어디에서 왔어? 예뻐, 예뻐."

할머니의 영어는 거기까지가 다였다. 그런데 할머니는 부담스러울 정도로 내 얼굴을 빤히 보시며 계속 눈웃음을 지으셨다. 이방인에 대한 인사치고는 좀 과하다는 느낌이 들어 자리에서 일어나려 할 때쯤, 이내 눈치 없던 내가 답답하셨는지 할머니께서 부끄러운 듯 내게 손을 살며시 내미셨다. '아, 할머니 진작 말씀하시지.' 맛있는 것 사 드시라고 얼마 안 되는 돈을 얼른 손에 쥐어 드리고 건강하셔야 한다는 인사를 남기고 자리에서 일어섰다.

그런데 이번에는 몇 걸음 안 걸었는데 또 옆 벤치에 앉아 있던 한 뚱뚱한 아저씨가 나를 불러 세웠다. 가까이 오라는 손짓에 조심스레 다가가니, 아저씨가 다정한 목소리로 할머니를 대변해 주셨다.

_"잘 했어. 저 할머니 혼자 사시는데 돈도 없지만 외로워서 매일 저러셔. 고마워."

어디든 보고 싶은 것들은 정면에 있고 보아야 할 것들은 이면에 있는 법인가보다. 그 날 이후 나는 사람들이 몰려다니는 화려한 관광지를 가면 꼭 그 이면도로를 빼놓지 않고 둘러보게 되었고 주택가나 작은 시장 골목을 걷는 데 더 많은 시간을 쓰게 되었다. 화려하게 잘 꾸며진 관광지에 신나게 즐길 수 있는 흥이 있다면 그런 이면의 세계에는 그 화려한 관광지에서 생계를 유지하고 살아가는 사람들의 애틋한 정이 있기 때문이다.

 스페인

요즘 아이들은 콜럼버스가 누군지 잘 모른다 – 바르셀로나 포트벨 광장에서

람블라스 거리를 따라 바닷가 쪽으로 내려가면 포트벨 광장이라는 곳이 나오는데 그 광장 중앙에 콜럼버스 기념탑이 있었다. 이 기념탑은 1888년에 아메리카 대륙을 발견한 콜럼버스의 대항해를 기념하기 위해 세워졌는데, 60m나 되는 탑 위의 콜럼버스가 오른팔을 쳐들어 손가락으로 먼 바다를 가리키며 포부에 찬 형상을 하고 있었다.

그리고 그 밑에는, '와, 콜럼버스다'를 명랑하게 외치며 활짝 웃는 얼굴에 V자 모양의 손가락을 치켜들고 기념사진을 찍는 한국의 대학생들도 있었다. 콜럼버스 동상도 함께 나와야 한다며 사진찍는 친구는 바닥에 드러눕는 열성까지 보였다. 그렇게 열심히 찍었는데 그들은 콜럼버스 동상 한번 올려다보지 않고 이내 종종걸음으로 다른 장소로 옮겨 사진찍기에 여념이 없어 보였다. 마냥 해맑고 즐거워 보였다. 아마 식사시간에는 주변의 유명한 식당에서 빠에야를 먹으며 '와, 빠에야다'하며 제일 맛있게 나오는 각도로 사진기를 요리조리 돌리며 즐겁게 사진을 찍었을 지도 모른다. 물론 나도 그랬다.

그렇게 생각 없이 즐기는 것이 나쁘거나 여행지에서 보게 되는 모든 것들에 대해 깊이 생각해야 한다는 얘기가 아니다. 그저 나는 그 대학생들이 지나간 이후에 콜럼버스가 조금 불쌍해졌다. 어떤 관점에서든 기념비적인 인물이라면 특히 그런 장소에서는 후대에게 한번쯤은 되새겨져야 의미가 있는 것이다. 그런데 그 한국대학생들에게 콜럼버스는 그날 찰나의 사진배경이 되는 것 외에는 아무런 대접을 받지 못 했다. 물론 모든 사람들이 그런 것은 아니지만, 해외여행을 꿈꾸는 어린 제자들을 떠올리며 나는 잔소리 같은 생각을 하지 않을 수 없었다. 그 아이들이 적어도 콜럼버스 동상에 달려가기 전에 콜럼버스라는 인물과 행적에 대해 한번쯤 생각했다면 어땠을까? 아니면 동상의 형상만이라도 천천히 살펴보고 콜럼버스의 손이 바다 너머 무엇을 가리키고 있는지에 대해 생각해 보았더라면 어땠을까?

인생의 빛

물론 인간의 역사라는 것이 선할 수만은 없고 시대의 악역을 담당해야 할 인물들이 필연적으로 생겨나기도 하면서 흘러가는 것이라지만, 그렇다고 해서 가치판단을 배재하거나 쉽게 잊거나 용서되어서는 안 되는 것이다. 인륜적 진화를 기준으로 하는 반성과 개선을 추구하는 시각에서 인간존재와 역사, 문화를 되새길 수 있어야 한다. 그런 자세가 없다면, 관광이든 여행이든 여행자금에 비례하는 만큼의 현실도피와 망각, 소비로 인한 짧은 쾌락이나 미봉적인 치유를 얻을 수 있을지는 모르지만, 성숙해진 생각과 새 삶을 살 수 있는 마음의 힘을 얻기는 어렵다. 그냥 돈만 낭비할 뿐이다.

나는 콜럼버스를 좋아하지 않는다. 그래서 남들처럼 콜럼버스 기념탑을 배경으로 기념사진을 찍는 일 따위는 하지 않았다. 나에게는 그것이 그에 의해 잔혹하게 대량학살 당한 북미원주민들에 대한 최소한의 애도를 표하는 방식이었기 때문이다.

콜럼버스가 손가락으로 가리키고 있는 곳은 지중해 쪽이다. 더 정확히 지중해 넘어 어딘가에 많은 금과 노예를 얻을 수 있을 거라고 믿었던 그의 머릿속에 있던 인도 땅이다. 북미대륙은 그런 콜럼버스가 인도를 찾아 나섰다가 도착한 곳이었다. 그곳에는 원래 인디안 원주민들이 평화롭게 살고 있었다. 그곳에 도착한 콜럼버스는 금장식이나 비단옷도 없이 자연 그대로 순수하고 아름다운 원주민들을 보면서, '너무나 아름다운 사람들이 처음 보는 우리에게 형제라 하며 모든 것을 가져다주니 노예로 삼았으면 좋겠다'고 말했다고 한다. 그 후 그는 그들을 노예로 삼고 저항하거나 도망치는 원주민들을 잔혹하게 학살했다. 콜럼버스가 세상을 떠난 이후에도 북미대륙에서는 그곳 원주민들을 미개한 인종으로 왜곡하고 식민화하는 만행이 이어졌는데 수녀와 신부가 운영하는 백인학교에 원주민 아이들이 강제로 끌려가거나 납치당해서 백인식으로 이름을 바꾸고 생활하도록 강요당했으며 기독교를 주입받았다. 더욱 참혹하게, 많은 수의 북미원주민 아이들이 신부들에게 성폭행을 당하거나 학대받다가 죽으면 남모르게 땅 속에 매장당하기도 했다. 서구기독교의 팽창과 물질중심의 침략적 역사 속에서 북미원주민들의 의식과 문화가 그렇게 침탈당하고 사라져

갔다는 것은 너무나도 안타까운 일이다. 캐나다에서 내가 본 거리의 부랑자들은 대부분이 인디언들이었다. 그 중 백인은 한 명도 없었다.

그럼에도 불구하고 한편에서는, 북미인디언들이 이제까지 존재해 온 인종 중에서 자연과 인간, 인간과 인간 사이의 평화를 가장 높은 차원으로 실현한 인종이라는 평가가 제기되기도 한다. 현대사회의 심각한 인간소외와 환경파괴 문제를 해결하려고 할 때, 북미원주민들에게 겸허하게 배워야 할 요소들이 너무나 많기 때문이다.

북미원주민뿐만 아니라, 인도와 우리나라가 겪은 고통스러운 식민지 역사도 그와 같은 시대에 제국주의가 팽창하는 맥락에서 발생되었다. 그것을 알면서도 우리는 왜 아직까지 제국주의의 영웅들과 그들 중심의 역사를 위대하다고 가르치는 현실을 벗어나지 못하는 것일까? 교육열 높은 우리나라 엄마들이 전집으로 쌓아두고 매일 아이에게 읽어주는 세계위인전의 인물들을 한번 보자. 물론 인류애를 발휘한 진정한 위인들의 이야기도 많지만, 위대한 영국의 수상, 처칠, 유럽세계를 정복한 나폴레옹, 신대륙을 발견한 위대한 항해자 콜럼버스 등 제국주의 시대 정복자들이의 영웅담이 주를 이룬다. 모두가 인정하는 세계위인들의 이야기에 대해 한번쯤 의문을 가졌을 법도 한데 나조차 고등학교를 졸업할 때까지 한 번도 그래 본 적 없이 자란 것 같다. 어른이 되어서도 위인의 기준이 누구에 의해 어떻게 정해졌고 후대에 전해져 왔는지에 대해 생각해 볼 기회가 흔치 않았다.

그래서 우리 아이들이 어려서부터 익숙하게 듣고 읽어 온 세계위인들을 보자마자 '와' 하고 달려가는 것을 나무랄 수 없다. 그것은 어른들이 그저 사느라 바빠서 남들이 위대하다니까 그런가보다 하기만 하고 그들이 어떤 마음으로 무슨 일을 했는지 스스로 알아보며 자세히 새기지 않고 산 탓이다. 선대가 혹은 대다수가 옳다고 하는 것에 의문을 갖지 않고 살아 온 탓이다. 그저 좋은 게 좋은 거라는 걸 핑계삼아 질문과 비판, 다른 의견들을 피곤해 하고 간과해 왔기 때문이다. 대다수를 따라가는 길이 문제없는 길이겠거니 하며 사방을 둘러보지 않은 탓이다. 스스로 깊이 넓게 보고 생각하는 수고가 부담스러워 남들이 보여주

인생의 빛

는 것을 대충 보고 쉽게 받아들이는 데 길들여진 탓이다. 무엇보다 그렇게 받아 온 교육을 대물림했기 때문이다.

그러니 이제는, 새롭게 어느 다른 한편에 중심을 두고 세상을 보아야 한다는 또 다른 흑백논리의 이야기가 아니다. 그저 우리 아이들이 스스로 한 단계만 더 깊고 넓게, 자세히 알 수 있도록 돕자는 이야기를 하고 싶은 것이다. 우리는 그것이 분명히 피곤할 정도로 아이들에게 많은 대화시간을 내어주어야 하고 정신적 에너지를 생활 속에서 쏟아주어야 하는 일이라는 것을 알고 있다. 그러면서도 어쩌면 우리는 그 정성스러운 노고를 감당할 의지가 없어서 아이들의 인생을 입시제도와 학원에 위탁해 오고 있는 것인지도 모르겠다.

지금 우리 사회에는 개념 없이 위인을 추앙하는 아이들이 아니라 과거의 위인조차 발전적 시각으로 보고 새로운 삶을 창조할 수 있는, 생각의 위인이 필요하다. 그리고 그런 위인을 기르기 위해서는 그보다 먼저, 세상을 다르게 볼 줄 알면서 아이들의 생각에 밀착하는 어른들이 더 필요하다.

미술관은 아이들이 배 깔고 누워야 제 맛이다 - 바르셀로나 어느 미술관에서

국립중앙박물관 근처에 있는 어느 작은 미술관이었다. 그때 무심히 들러서 미술관 이름이 기억나지 않는다. 하지만 그 곳에서 본 광경은 잊을 수가 없다. 비 오는 날 오후 세네 시쯤이었다. 미술관 안에 들어서니 중학생쯤 돼 보이는 아이들이 출입구 앞부터 시작해서 로비며 복도, 작은 전시실까지 미술관 1층 바닥 전체에 한 가득 엎드려서 그림을 그리고 있었다. 나는 '익스큐즈미'를 연발하며 아이들 다리 사이를 징검다리 건너듯 걸어다녔다. 간신히, 드문드문 앉아서 그림을 그리고 있는 아이들 중 한 명에게 다가가 물어보니,

　　　　　　　　　　　　　　　　　　　　　　인생의 빛

학교 미술수업인데 미술관에 와서 작가의 생애와 사상, 미술사에 대한 이야기들을 듣고 각자 작품을 감상한 후 습작을 하거나 떠오르는 영감대로 그림을 그리고 있는 중이라고 했다. 비 때문에 미술관 마당에 나갈 수가 없어 다른 날보다 실내가 더 붐빈다며 관람에 불편을 끼쳐 미안하다고 했다.

우리 공립학교에서는, 50분 동안 수업하다 말고 10분 쉬는 시간 동안 미술재료 치우기 바쁜데다가 일주일 후 수업시간까지 미뤘다 다시 시작해야 한다. 게다가 미술관은 무슨 특별한 행사나 되어야 관람형식으로 연중 한 번 가볼까 말까 한 경우가 대부분이다. 그런데 미술관에서 영감까지 느끼고 마음껏 그리기까지 할 수 있다니, 그렇게 수업내용에 따라 집중수업을 하고 학교 밖 시설들을 배움터로 자유롭게 활용한다는 것이 부러웠다.

그런데 그보다 더 부러웠던 것은 어른들의 행동이었다. 학교 선생님도 미술관 직원들도 아이들 사이를 계속 다니며 살피고 도와주느라 바빴다. 아이들이 워낙 시설물에 대한 교육을 잘 받은 것처럼 보이기도 했지만 미술관의 관리자들 중 누구도 아이들에게 짜증스러운 얼굴을 하거나 다른 관광객들에게 미안해하는 표정이 아니었다. 미술관 본연의 목적과 가장 아름다운 용도대로 쓰이고 있다는 생각에 뿌듯함이 밀려왔다.

그리고 그 미술관을 나와 숙소로 돌아오는 길에 당시로부터 5년 전쯤 경주국립박물관에 여행을 갔던 기억이 떠올랐다. 4월 중순쯤이라 초등학교 아이들이 수학여행을 와서 관내 곳곳마다 북적거렸다. 그런데 이상하게도 아이들 대부분이 똑같은 일을 하고 있었다. 유물마다 다니며 그 앞에 적혀 있는 유물의 번호와 설명을 작은 수첩에 베껴 쓰느라 정신이 없었다. 아이들은 유물을 쳐다보지도 않았다. 심지어 일제로 인해 목이 전부 잘린 석상들이 늘어선 곳에서조차 의아해 하지 않았다. 하나를 적고 나면 바로 옆의 것을 적기 바빴고 심지어 서로 다른 유물을 분담한 후 교환해서 옮겨 적었다. 물어봤더니 선생님이 박물관 공부 똑바로 해야 된다면서 딴짓 안 한 증거로 수첩 한 가득 그렇게 써 오라고 하셨단다. 내가 보기에는 애들이 아니라, 선생님이 아이들과 함께 다니며 성실하게 설명해 주지 않고 딴짓 하기에 딱 좋은 숙제다. 나는 그 선생님이 애들이 그리고 다니는 동안 어디서 무엇을 했는지 아직도 궁금하다. 더욱이 그 바르셀로나 미술관의 어른들과 비교하면 화가 나기까지 한다.

    물론 그때에 비하면, 다행히도 현재 우리나라의 박물관이나 전시관의 활용도가 질적으로 높아졌고 문화, 역사, 예술 등 다양한 분야의 해설과 교육활동이 괄목할 정도로 발전해서 학교 선생님들이 아니어도 전문적인 설명을 들을 수 있는 여건이 잘 마련되어 있다. 그리고 실력 있고 헌신적인 선생님들도 훨씬 더 많다. 그러나 문화와 예술, 역사라는 것은 교실에서 기계적으로 책만 가지고 잊어버릴 만하면 일주에 한 두 번씩, 그것도 입시 대비형 사지선다형 문제와 정답을 암기해서 배워지는 게 아니다. 실제로 한 번 방문해서 보았다고 해서 현장학습되는 것은 더더욱 아니다. 사회와 시대 속을 흐르고 있는 의식과 정서, 깊이 있는 지식을 충분히 경험할 때 내면화되는 것이다. 나는 그 날 바르셀로나의 그 미술관을 빠져나오면서 아이들을 그러한 배움의 차원으로 안내하기 위해 사회의 모든 공간이 학교 밖 학교로 적극 활용되어야 한다고 생각했다. 그리고 무엇보다 기성세대들 모두가 아이들에게 학교 밖 선생님으로서의 책임의식을 지녀야 한다는 생각을 떨칠 수가 없었다.

인생의 빛

LATVIA

라트비아

리가의 위대한 유산, 빨간 망토의 춤추는 할머니- 리가 마을광장에서

유럽의 어느 도시나 그렇지만 마을마다 있는 광장은 레스토랑들이나 노천카페들이 둘러져 있고 사람들이 앉아서 휴식할 수 있는 나무와 벤치들이 놓여 있는 것이 일반적인 풍경이다. 우연히 지나다 운이 좋으면 광장에서 열리는 직거래 장터나, 벼룩시장, 거리공연 같은 것들도 볼 수 있고 마을 사람들이 사통팔달로 지나다니기 때문에 광장은 여유롭게 앉아서 하루를 즐기기에 매우 좋은 곳이다.

그런 유럽의 수많은 광장 중에서 리가는 내게 가장 아름다운 광장의 추억을 선물해 주었다. 그 날, 아침 9시 반에서 10쯤 사이였던 것 같다. 광장에 초입에 막 들어서는데 빨간 옷을 입은 할머니 한 분이 눈에 들어왔다. 할머니는 작은 카세트로 음악을 틀어 놓고 등에 하트모양의 비즈장식이 달린 나름대로 화려한 빨간 상의와 뜨개모자를 쓰고 음악에 맞춰 춤을 추고 계셨다. 할머니의 춤은 뭐 딱히 특별하거나 현란한 몸동작이 아니라 그냥 오르골 인형이 천천히 원을 그리며 돌아가듯 발을 조금씩 옮기며 구부정한 허리에 무리가지 않도록 팔만 물고기 꼬리처럼 살살 흔드시는 게 전부였다. 할머니는 그렇게 오른쪽으로 몇 바퀴, 왼쪽으로 몇 바퀴를 번갈아가며 계속 춤을 추고 계셨다. 다른 유럽 도시에서 국가인증을 받은 예술가들의 화려한 공연들과 달리, 그 날 리가의 한 광장에서 본 할머니의 거리공연은 내게 또 다른 차원의 세계에 눈뜨게 해 주었다.

그 할머니가 광장에서 춤을 추는 진짜 이유를 알 수는 없었지만, 그저 느껴지는 대로 할머니를 가만히 보다보니 단아하게 하늘거리는 팔 춤새와 혼자 심취하신 듯한 표정이 너무나 곱고 사랑스러웠다. 할머니의 모자와 카세트 위의 레이스 덮개도 할머니가 사랑을 많이 받은 고운 분이라는 걸 말해주고 있는 것 같았다. 아니나 다를까, 할머니 춤을 감상하고 있는데 동네 청년들이 할머니 앞을 지나가다 말고 할머니와 함께 춤을 추었다. 할머니 속도에 맞추어 천천히 왈츠 상대가 되어 주었다. 청년들은 할머니의 이름을 알고 있었다. 할머니 이름을 다정하게 부르며 무어라 짧은 얘기를 하더니 손을 흔들고 다시 가던 길을 향했다. 추측으로는, 무리하지 말고 하루 잘 보내라는 인사 같았다. 그 청년들이 지나간 다음에도 할머니는 춤을 추면서 지나가는 마을 사람들과 인사를 나누기에 바빴다. 나름 팔 동작에 일정한 리듬이 있었음에도 할머니는 사람들을 보면 오른손 바닥에 할머니의 뽀뽀를 담아 아기천사 같은 눈웃음을 담아 보내 주었다. 물론 할머니는 바닥에 모자를 놓고 공연값을 받고 계셨다. 그런데도 나는 할머니가 너무 부러웠다. 할머니 얼굴이 할머니 등에 장식된 하트보다 더 완벽한 하트모양이었기 때문이다.

우리도 옛날 시골에서는 마을 초입의 큰 아름드리나무 밑에서 동네 어르신들이 정자나 평상에 앉아 오가는 아들, 딸과 손자손녀들 반겨주셨다. 그것만으로도 집에 온 안정감과 편안함을 느낄 수 있었고 노인 분들도 외롭지 않을 수 있었다. 리가의 춤추는 할머니는 아마 그런 일을 하고 계셨던 게 아닐까? 동네 한 복판에서 매일 아침 마을 사람들을 축복하고 사랑해 주는 일. 그 사랑을 받아서 마을 사람들이 또 서로 계속 사랑을 하게 하는 일.

나는 그날 어른이 후대에게 물려주어야 할 가장 가치 있는 위대한 유산을 보았다.

인생의 빛

TAIWAN

타이완

아무리 고상하게 먹어도 살육의 원죄는 사라지지 않는다
  - 타이페이 화시지예 야시장에서

　　타이페이에는 야시장이 많다. 나는 여러 야시장 중에서도 가장 규모가 크고 젊은이들
이 많이 찾는다는 스린 야시장과 용산사 근처의 화시지예 야시장에 갔다. 스린 야시장은
좁은 길 양쪽으로 먹거리, 입거리, 놀 거리 등 없는 것 없이 다양한 가게들이 빽빽하게 늘
어서 있는데 사람들이 몰리는 퇴근 시간에 가면 특히 젊은이들을 많이 볼 수 있다. 그리고
화시지예 야시장은 스린 야시장보다 거리도 더 넓고 액세서리나 소모품 가게, 발마사지 가
게 같은 곳도 훨씬 적어서 덜 상업적이고 더 재래시장다운 느낌이 난다.

　　두 시장을 돌아보며 분명히 이런저런 구경꺼리와 사람구경으로 재미있었는데 이상하
게도 그 이후 타이페이의 야시장을 떠올리면 다른 것들은 생각나지 않고 오직 시장 전체
를 진동하던 중국음식 특유의 그 향과 원초적 형태의 먹거리들만 떠올랐다. 동물의 내장과
조각난 몸의 여러 부위들, 생선 머리, 닭머리, 무슨 짐승의 것인지 모르겠던, 따리 틀린 내

장더미들, 온갖 발들, 까맣게 튀겨진 벌레들 등등 … '와, 우스갯소리로 중국 사람들은 날아가는 비행기하고 식탁 다리만 빼고 다 먹는다더니 이런 것들까지 먹는구나'하며 받았던 충격이 아직도 가시지를 않는다.

그런데, 사실, 특정부위만 골라서 먹을 뿐이지 산 동물을 죽여서 자르고 파헤쳐 먹는 것은 매한가지인데 생각해보면 그렇게까지 손사래를 치며 역겨워 할 일도 아니었다. 대만 사람들이 그 비릿함과 원초적인 모양을 우리보다 덜 가공하는 차이일 뿐이다. 어디를 어떻게 잘려졌는지 모르게, 먹는 그 부위가 그 동물의 생전에 어떻게 움직였는지 떠오르지 않게 그저 과자나 빵 조각처럼 느껴지도록 더 조각조각 잘게 잘라내는 차이일 뿐이라는 얘기다. 그 차이 때문에 우리가 먹는 게 그저 음식이지 동물의 시체조각이라는 생각이 전혀 들지 않게 착각할 뿐이다. 우리는 그것이 야만적이지 않은 것이라고 스스로를 속이고 있는 것이다.

햄버거 빵 사이에 낀 소고기 패티를 씹으면서 인공수정으로 태어나 동물성 사료로 사육당하면서 많은 양의 항생제와 화학성 성장촉진제를 맞으며 살을 찌우기 위해 운동도 못하고 좁은 공간에 갇혀 살다가 기계로 도살당하는 소의 일생을 생각하는 사람은 아마 흔치 않을 것이다. 물론 소농가가 다 이런 방식으로 소를 키우는 것은 아니지만, 가장 나쁜 경우가 그렇다는 것이다. 불행하게도 이런 비윤리적인 동물사육방식은 우리가 쉽게 소비하게 되는 대규모 식품회사들 대부분에서 시행되고 있다. 돼지도, 닭, 오리도 모두 마찬가지다.

나 역시 그걸 한 번도 누구에게 배워본 적 없이 모르고 살았기 때문에 그 실태를 제대로 알고 싶었다. 그래서 얼마 전 학생들과 함께 먹거리들이 가장 원초적인 자연상태에서 입으로 들어오기까지의 과정을 역추적하는 프로젝트를 진행한 적이 있다. 생각보다 충격적이었고 아이들은 무엇을 먹어야 하냐며 진지한 고민에 빠졌다. 하지만 의외로 답은 간단했다. 최대한 지역에서 난 계절음식을 가공되지 않은 단순한 방식으로 먹으면 된다. 그리

인생의 빛

고 필요 이상의 육식과 과식을 하지 않아야 한다. 또 생산자의 입장에서는 육식의 경우 동물을 비윤리적으로 처리하는 생산과정을 바꾸어야 한다. 인간을 위해 먹혀주는 것도 고마운데 살아 있는 동안은 자연섭리대로 건강하게 살 권리를 보장해 주어야 하는 것이다.

그것은 생명권을 보장하는 것뿐 아니라, 인간의 건강과 도덕적 정체성을 결정짓는 일이다. 인권과 동식물의 생명권은 하나로 연결되어 있기 때문이다. 그래서 먹고 먹히는 과정을 생명에너지의 전이활동이라고 본다면 편안하게 살았던 짐승을 먹으면 편안한 기운을 모시게 되고 학대받았던 짐승을 먹으면 울화의 기운이 맺혀 온갖 병이 생긴다는 것도 일리있는 해석으로 볼 필요가 있다. 광우병이나 콜레라, 조류독감, 방사능 오염 등으로 안전하게 먹을 동물이 없어지는 상황에서 고기 못 먹게 될 염려에만 빠져있을 게 아니라, 동물과 인간의 관계를 반성하고 생명 대 생명으로서의 관계를 새롭게 맺어야 한다. 이제 인류는 육식을 얼마나 배불리 하느냐가 아니라, 동물을 어떻게 대하느냐에 따라 국가의 수준이 정해진다는 간디의 말에 대해 그 어느 때보다도 진지하게 생각해야 한다.

신에게 바치는 제물, 파 한 단, 양파 세 알 – 타이페이, 용산사에서

타이페이 시내에 용산사라는 절이 있다. 지붕위에 용이 올라앉은 금빛 휘황찬란한 타이완 전통양식의 건물인데 그 곳에 하루 종일 타이페이 사람들이 찾아와 기도를 하고 소원을 빈다. 타이완의 종교는 생활종교 성격이 강하기 때문에 도시 어디를 가도 사당을 흔하게 볼 수 있다. 번화가 건물의 빽빽한 상가들 사이에 얼핏 보면 사무실이나 구멍가게로 착각할 만큼 작은 규모의 사당들이 들어서 있는데, 그만큼 종교가 자연스러운 형태로 생활 속에 들어와 있다는 것을 알 수 있다. 용산사는 그 중에서도 가장 크고 많은 사람들이 이용하는 타이페이에서 가장 오래된 대표 사당이다.

인생의 빛

타이완에는 천주교와 기독교, 이슬람교 등이 있지만 주로 불교, 도교, 유교 신자들이 많다. 거기에 토속종교까지 더해져서 타이완 사람들은 딱히 여러 종교들을 배타적으로 구분하지 않는다. 신의 형상이 아니라 신이 자기 마음속에 있고 성심을 다하면 누구든 신이 될 수 있다는 믿음을 더 중요시하기 때문이라고 한다. 그래서 사찰 안에는 온갖 신들이 사이좋게 모여 있는 것을 쉽게 볼 수 있다. 용산사 역시 여러 신상들이 모여 있는데, 들어가자마자 전면 중앙에 관음보살, 문수보살, 보현보살이 있고 그 뒤로 들어가면 바다의 여신이나 장사의 등, 타이완 사람들이 믿는 다양한 토속신과 조상신들이 있다.

그렇게 여러 신들 앞에서 사람들은 가져온 제물을 각자 원하는 신상 앞 큰 탁자에 놓고 사람 팔만큼 긴 향을 피워 들고 여러 번 절을 한다. 나도 향불 하나를 들고 소원을 빌었는데 뒷사람이 향불을 한 묶음이나 들고 여러 번 반절을 하는 바람에 향불의 불똥이 내게로 튀어서 깜짝 놀랐다. 사람들이 많이 몰리는 출퇴근 시간에 용산사에서 기도를 할 때는 향불 든 사람들 사이의 간격이 좁기 때문에 조심해야 한다.

용산사를 둘러보는 동안 크고 작은 신당의 여러 신들과 사람들도 재미있었지만 더 큰 관심을 가졌던 것은 사람들이 바치는 제물이었다. 각 신당마다 사람들이 거기 올려놓은 제물들이 너무 흥미로웠다. 주로 먹거리였는데, 파 한 단, 양파 세 알, 망고, 두리안, 사탕, 초코파이와 콜라, 맥도날드 햄버거까지 인간이 먹을 수 있는 모든 종류가 있었다.

물론 전 세계의 인구가 매일 발생시키는 이산화탄소량에 비하면 얘기할 꺼리도 안 되지만, 그 많은 타이페이 사람들이 매일 다발로 피워대는 향불이 지구온난화를 성실히도 증가시키고 있다는 지적은 접어두고, 또 세계적인 거대 인스턴트 식품회사들이 얼마나 지구 환경을 파괴하는지도 모른 채 그 음식들을 사 나르며 세계평화를 기원하는 것이 무지하고 이율배반적인 행동이라는 비판도 덮어두고, 그 작은 제물들이 나는 귀엽고 사랑스러웠다. 적어도 종교의 이름으로 갱단이나 기업, 정치권의 부정한 자금을 세탁하거나 성직자의 사적인 비리와 축적, 과도한 증축, 토지매입 등을 위해 가난한 이들의 마음을 홀려 그 혈세

를 뜨는 것은 아니니까.

　나는 특정 종교인이 아니기 때문에 잘 모르겠지만 그날 용산사에서 그 많은 귀여운 제물들을 보면서 한 가지 궁금한 생각이 들었다. '서울 중심에 있는 큰 절이나 교회에서도 누군가 헌금 대신 파 한 단, 양파 세 알을 가져와 바친다면 예배시간에 제단에 소중히 올려놓아 줄지, 사람들이 그걸 민망해하지는 않을런지 …'

교육이 희망이 아니라, 희망이 교육이다 – 타이페이 101타워 지하철역에서

　타이페이 여행 둘째 날, 나는 숙소에서 국립고궁박물관을 가기 위해 길을 나섰다. 한국 여행책자에 101타워 앞에서 버스를 타면 된다고 적혀 있어서 101타워로 갔다. 여행을 아무리 많이 다닌 여행자라 해도 초행길에는 물어가는 게 상책이라 나는 101타워 앞에서 사람들에게 국립고궁박물관으로 가는 버스를 물어보았다. 그런데 첫 번째, 사람은 길을 잘못 가르쳐 주었고 두 번째는, 버스기사가 박물관행 버스정류장을 알려주었는데 한참을 기다려도 버스가 오지 않았다. 그래서 나는 버스를 포기하고 지하철을 이용하려고 101타워의 지하철역으로 이동했다. 그리고 타워 1층의 출입구로 쏟아져 나오는 젊은이들 중 한 여대생에게 길을 물었다. 지하철로도 국립고궁박물관에 갈 수 있는지 도착역이 어디인지만 확인하면 되는데 그 착하디착한 여학생은 나를 하염없이 지체시켰다. 그러니까 여학생의 영어실력이 길을 묻는 관광객을 모른 척 하기도 뭣하고 시원하게 안내해 주기도 뭣할 정도로 애매한 수준이었던 것이 요인이었는데, 그 여학생은 자신의 영어실력에 상관없이 나를 정확하게 안내해 주어야 한다는 일념에 너무나 충실했던 것이다. 도착역을 알려주고 나서 고맙다고 인사하고 돌아서는 나를 붙잡더니, 전철에서 내리면 또 어떻게 가야 하는지는 아냐면서 그것도 가르쳐 주겠노라 전화로 친구들에게 버스노선을 물어보았다. 그리고는 설명하기가 복잡했는지, 급기야 자기 학교의 영문과 여교수에게 전화를 걸어 내게 여정을 설명해 주도록 부탁했다. 명확하게 길안내를 마친 여교수는 내게 그 여학생에게 꼭 고맙다고 인사를 해야 한다며 힘주어 당부했다. 안 물어봤어도 충분히 갈 수 있는 길을 그저 확인삼아 물어봤을 뿐인데, 필요 이상 시간을 지체하게 되어 사실 그리 크게 달갑지는 않았다. 하지만 길에서 우연찮게 시간을 낭비한 것으로 치면 그 여학생이 더 큰 피해를 받은 것이고 처음 보는 나를 나보다 더 걱정해 준 그 착한 마음은 아무리 많은 시간을 써도 쉽게 만날 수 없는 고귀한 것이었다. 그래서 그 여학생이 진땀을 빼며 애썼던 것을 생각하면 미안하지만 그때 나는 그 여학생의 착한 마음에 빠져서 그런 그녀의 행동을 즐기고 있었다. 뭐라도 주고 싶었는데 워낙 여행길에 꼭 필요한 것만 가지고 다니는 성격이라 가방에 그 여학생에게 답례할 것이 없었다. 급하게 주변에 있던 매대로 달려가 초콜릿을 사서 건넸지만 그 여학생은 한사코 거절하다가 마지못해 받아주었다.

그 볼거리 가득한 국립고궁박물관을 돌아보는 중에도 또, 숙소로 돌아오는 길에도 나는 사람이 어떻게 그렇게 착할 수 있나 하는 생각이 떠나지 않았다. 그 여학생의 순하고 청아한 눈빛이 자꾸만 다시 보고 싶어졌다. 아직까지 우리보다는 덜 상업적인 가치관들과 가정 내의 순종적인 유교문화 그리고 무엇보다 타이완의 맑은 자연이 얽혀 빚어낸 눈빛이었을 것이다.

그 눈빛의 여운이 가실 즈음 나는 궁금해졌다. 한국에서 내가 가르쳤던 아이들도 그 여학생만큼 착하고 순수할까? 그 당시에는 답을 내릴 수 없었다. 하지만 귀국 후 수업시간에 만난 아이들은 내게 타이완의 그 소녀보다 더 깊은 신뢰와 희망을 안겨주었다. 나는 수업에서 아이들에게 조별로 하나의 공동 프로젝트를 자유주제로 정하고 그것을 진행하는 과정에서 조원 한 사람 한 사람이 자연스럽게 서로 각자의 장점을 강화하고 단점을 보완해 주는 과제를 내 주었다. 지적인 성과를 위해 기계적으로 역할분담을 하고 개인작업을 취합해서 발표하는 형식의 공동과제는 많지만 서로 의지하고 돕는 방식으로 자기 자신과

모두의 성장을 꾀할 수 있는 공동과제는 흔치 않다. 나는 경쟁만 하다 대학에 와서 또 성적관리와 취업걱정으로 메마른 채 강의실에 앉아만 있는 아이들에게, 사람이 사람에게서 배우는 진정한 기쁨을 느끼게 해 주고 싶었다. 함께 먹고 놀고, 이야기하고 살면서 함께 성장하는 것보다 더 가치 있는 행복이 또 있을까? 그렇게 서로 도우며 더불어 살게 하는 사랑 찬 삶이 가장 아름답고 진실한 것이라는 걸 믿고 살게 해 주고 싶었다. 지식은 그 다음이다.

그런데 아이들은 그런 내 기대와 의도가 오만한 것임을 깨닫게 해 주었다. 나는 아이들이 그런 과제를 경험해 보지 않았기 때문에 힘들어 할 줄 알았고 성과도 내 기대치보다 낮을 거라 생각했었다. 하지만 아이들은 나도 경험해 보지 못한 경이로운 세계를 내게 보여주었다. 아이들은 정말 한 학기 내내 누구도 무시하거나 질타하지 않고 서로가 서로의 약한 점들을 돌보아 주며 함께 할 수 있는 행복한 경험을 기획해서 살아나갔다. 몸이 아파 휴학했던 외톨이 학생을 챙겨주고, 자신감 없고 표현을 잘 못하는 친구를 위해 작은 연극을 준비하고, 체력이 약한 친구들을 위해 주말마다 등산을 다니고, 경제개념이 없어서 용돈 조절을 잘 못 하는 친구를 위해 몇 달 동안 가계부와 생활계획표를 함께 짰다. 집밥 제대로 못 먹는 자취생 친구를 위해 반찬 만드는 법을 가르쳐 주기도 하고, 집에 갈 시간이 너무 없어 부모님과 사이가 소원해진 친구를 위해 집에 갈 수 있도록 친구의 일을 대신해 주기도 했다. 또 스스로 의기소침하고 친구가 없던 성소수자 친구에게 둘도 없는 친구들이 되어 주었다. 아무런 대가 없이 장애학생과 친구가 되어 여행도 다니고 맛집도 데리고 가 주었다. 아이들은 과제를 끝내고 경쟁하지 않아도, 아니 경쟁하지 않아서 더 많은 것을 배우고 행복했다고 내게 말해주었다. 그것은 내가 인위적으로 가르쳐 주어야 했던 것이 아니었다. 원래 그렇게 살도록 태어난 아이들을 그렇게 살지 못하게 막고 있었던 것이다.

우리 아이들은 원래 어른들보다 더 착하다. 내 눈에는 그 타이페이의 101타워에서 만난 타이완 여대생보다 더 순수하고 속이 깊다. 요즘 아이들은 자기밖에 모르고 예의도 없다고 하는 사람들이 있다면, 그것은 아이들을 자세히 살피지 않았기 때문이다. 어른들이 그렇게 살도록 이끌었기 때문에 생긴 결과라는 것을 보지 못하는 아직 어린 어른들이나 하는 소리다. 우리아이들은 초·중·고시절을 그렇게 자라고 대학생이 되고 난 후라도 한 순간에 선한 마음을 되살려 내는 대견하고 훌륭한 사람들이다. 그러니 나만 잘 살면 된다며 밀치고 벽 쌓으며 살아 온 어른들의 척박한 삶의 방식을 더 이상 대물림해서는 안 된다. 우리 아이들은 한 차원 더 높은 인간적인 기품과 진실한 행복을 누리고 살아야 한다. 그럴 능력과 권리가 충분히 있다.

그러니 이제 부모세대들은 과감하게 불안과 집착을 버리고 그런 아이들에게 희망을 걸어야 한다. 기성세대의 교육 없이 어떻게 아이들이 희망을 가지게 할 수 있냐고 물을 수도 있겠다. 그러나 교육이 아이들의 희망을 희망하지 않는 한 교육이 희망이라는 말은 더 이상 의미가 없다. 이제는 선한 아이들의 희망이 교육을 이끌어야 할 때다.

JAPAN

일본

코스프레 권하는 사회, 다이조부데스까? - 도쿄 어느 한 메이드 카페에서

　　도쿄의 신주쿠에는 한국의 명동이나 종로처럼 젊은이들을 위한 유흥업소와 쇼핑가게들이 즐비하다. 나는 그 중에서도 당시에 한국에는 없던 메이드 카페(Maid cafe)를 찾았다. 메이드 카페란 일종의 코스프레 레스토랑인데, 종업원들의 캐릭터가 대부분 앞치마 두른 만화 속 여주인공 차림을 하고 있고 손님들은 거의 남자들뿐이어서 순수하게 코스프레가 중심이라기보다는 여자친구가 없거나 외로운 젊은 청년들을 대상으로 한 카페라는 인상이 더 강했다.

　　카페에 들어가 자리를 잡자, 실제 나이는 정확히 모르겠지만, 코스프레 덕에 십대처럼 보이는 종업원이 메뉴판을 들고 오더니 내 옆에 바짝 붙어서는 무릎을 꿇었다. 우리가 보기 불편하니 일어나달라고 부탁했지만 그녀는 한사코 '다이조부'를 반복하며 꼼짝하지 않았다. 다른 테이블에서도 모두 그렇게 주문을 받고 있었다. 얼른 주문을 마치는 게 상책이겠다 싶어 메뉴판을 열었는데 음식과 음료만 적혀 있는 게 아니었다. 카메라 그림과 함께 여러 가지 가격이 적혀 있었고 시간 분량에 따른 가격들도 적혀 있었다. 그래서 몇 가지 궁금한 점들을 물어보았는데 그 아가씨의 영어와 내 일어 실력이 둘 다 짧은 탓에 주문시간이 점점 더 길어졌다. 그만 알겠다고 말하고 싶었지만 쉬지 않고 온갖 몸짓과 콧소리를 동원해 열심히 설명하는 그녀를 멈출 수가 없었다. 그러다가 그런 그녀의 무릎이 걱정되었는지 같이 갔던 일행 중 남자 한 명이 갑자기 메뉴판의 오렌지 주스 사진을 가리키며 그녀에게 일행의 수만큼 손가락을 펴 보였다. 그녀는 영혼 없는 과한 눈웃음과 일본 여인네들 특유의 덧니를 반짝이며 이제 막 말 배우기 시작한 유치원생 같은 목소리로 외치듯 대답했다.

_"네 알겠습니다. 오렌지 주스, 퐁, 퐁, 퐁"

문제는 그녀의 '퐁, 퐁, 퐁'이었다. 그녀는 자신의 심장 높이에서 손으로 하트모양을 만들더니 오렌지 주스를 주문한 그를 향해 세 번이나 연속으로 발사해 주었다. 정말 심장이 튀어나올 것 같은 탄력 있고 생생한 몸짓이었다. 그 친구는 순식간에 귀까지 빨개지더니 입술근육에 대한 조절능력을 상실한 듯 했다. 눈동자가 흐물하게 흐려졌고 입이 헤벌쭉 벌어지더니 누군가 강제로 급히 닫아주지 않으면 안 될 만큼 금새 침이 흘러내릴 것만 같았다. 어쨌든, 주문이 끝났다고 생각되었던 그 때, 그녀는 그 순간 유체이탈한 내 친구 옆으로 자리를 옮기더니 또다시 무릎을 꿇었다. 그 친구가 오렌지 주스로 끊어버린 그녀의 소중한 메뉴설명을 번지수 제대로 찾아서 다시 시작한 것이었다. 손님과 같이 대화를 나눠주는데, 30분 단위로 요금이 얼마, 함께 사진 찍어 주는 데 한 장당 얼마, 체스 같은 게임을 같이 해 주는 데 회당 얼마 … 그는 그 날 난생 처음 일본여자를 본 숫기가 없어도 너무 없는 스웨덴 남자였다. 당황한 그는 결국 내게 구원의 눈길을 보냈고 나는 그녀에게 오렌지 주스부터 마시고 생각해 보겠노라고 정중히 돌려보냈다.

주변 테이블의 손님들을 둘러보니 거의 20대 초·중반의 남자들이었다. 일행이 있는 경우는 거의 없었고 대부분 혼자 앉아서 책을 읽거나 가져온 노트북을 보고 있었다. 종업원들과 사진을 찍거나 얘기를 하는 사람들이 별로 없어서 코스프레 종업원들이 노력에 비해 별 성과가 없는 것 같았다. 그 광경을 보고 있자니 혼자 사는 사람들이 보지도 않을 TV를 켜 놓고 그나마 그 소리에 안정감을 얻는 게 떠올랐다. 그와 비슷한 분위기였다. 물론 저마다 다른 사정과 속내가 있었겠지만 대부분 왜소한 체구와 자신감 없는 얼굴을 한 젊은 청년들이었기에 왠지 더 안쓰러웠다.

귀국 후 학생들에게 이 이야기를 해 주었더니 한 학생이 찌질이 카페라며 그날의 그들을 비난했다. 손님이랍시고 거기 앉아 있는 남자들이나 그 손님들한테 하녀처럼 시중드는 여자종업원들이나 모두 찌질하다는 것이다. 게다가 고독을 달래 줄 대화를 돈을 주고 사야 하는 현실은 더 찌질하다고 했다. 그것도 사람이 아닌 가짜 코스프레에게. 그 카페 안의 종업원들이 돈과 시간에 맞추어 움직이는 자판기와 무엇이 다르냐면서. 그러나 한편에서는 다른 이야기도 나왔다. 알고 보면, 그 메이드 카페의 코스프레들 중에는 그렇게 벌어서 생계를 잇는 사람들도 있을 것이고, 알면서도 프레스코 종업원들의 영혼 없는 친절함에라도 의지하고 싶을 만큼 어떻게 할 수 없이 고독한 삶에 갇혀 있는 사람들도 있을 거라고 했다. 학생들과 나는 일본의 메이드 카페에서 시작해서 그것과 본질적으로 유사한 한국의 수많은 업종들과 외로울 때마다 집착하는 저마다의 코스프레 같은 대상들에 대해 이야기 했다. 그리고 이야기 끝에 기특하게도 학생들은 사회가 고독의 문제를 건강하게 해결할 수 있는 방법들에 대해 고민하기 시작했다.

고독하면 당연히 찌질해진다. 그러나 인간은 어떤 이유에서든 고독해질 수 있다. 그러면서 고독을 다른 에너지로 바꿀 수도 있다. 그렇기 때문에 고독 자체를 찌질한 것으로 여길 필요는 없다. 외로워하는 사람을 찌질하게 보는 것도 옳지 않다. 세상에 찌질한 고독감이나 찌질한 사람은 없다. 다만, 찌질한 의식이 있을 뿐이다. 고독한 사람을 외면하고

방치하거나 악용하는 의식이 찌질한 것이다. 그런 의식으로 청춘들을 고독하게 만드는 무책임한 기성세대와 사회가 찌질한 것이다.

그러나 그런 어른들을 탓하며 스스로 찌질한 의식에 빠져만 있는 청춘들이 있다면 그 또한 찌질한 인간이다. 노인에게 외로움을 받아들이는 힘이 있다면 청춘에게는 외로움을 이기거나 심지어 즐길 수 있는 힘도 있다. 돈으로 사야 하는 허상에 매달리지 않아도, 상처받는 것을 두려워하지 않고 진심으로 사람을 만나고 즐길 때, 외롭지 않게 살 수 있는 길이 무수히 많다는 것을 알게 될 것이다. 그 길은 자기 자신이 그 자체로 이미 완전하며 충분히 사랑스러운 존재라는 것을 믿을 때, 그리고 상대 또한 그런 눈으로 바라볼 때 열린다. 만화영상이 아니라 삶에서 만나는 것들이 진짜다. 부디 우리 아이들이 찌질한 의식에 빠지지 않고 사람과 사람 사이의 생생한 길로 나서기를 기도한다.

손수건 파는 소녀들과 어린 마부 소년들 - 따가이 따이 섬에서

필리핀 여행을 갔을 때, '따가이 따이'라는 유명한 화산섬을 방문한 적이 있다. 초·중·고 선생님들과 함께 마닐라의 미리엄 컬리지에서 평화교육 연수 일정을 마치고 관광을 가게 되었다. 일정 중 몇 안 되는 관광코스라 나는 아침 일찍부터 들뜬 마음으로 길을 나섰다. 마닐라에서 차로 90km 정도 가니 산꼭대기에서 연기가 나는 작은 섬이 보였다. 내 생에 처음으로 활화산에 가보는 것이었기 때문에 작은 배를 타고 섬으로 향하는 그 짧은 10여 분 동안 섬에서 눈을 떼지 못 했다.

그런데 섬의 점점 가까이 다가갈 즈음, 선착장에서 여러 사람이 모여서 우리 배를 향해 손을 흔드는 것이 보였다. 그 섬의 아이들이었다. 배에서 내리자 아이들이 조직적으로 한 사람당 한 명씩 옆에 따라 붙었다. 그 섬에 내리면 대부분의 관광객들이 연기가 피어오르는 섬 꼭대기까지 말을 타고 오르는데 그 말의 고삐를 잡을 때나 땀 닦을 때 필요하다며 2천원에 거즈 손수건을 사라는 것이었다. 어쩐지 얼굴도 보이지 않는데 선착장에서

부터 반갑게 손을 흔드는 게 이상하다 싶었다. 괜히 아이들을 그렇게 만든 누군지 모르는 어른들이 미워서 손수건을 사고 싶지 않았다. 필요 없다고 하면 갈 줄 알았는데, 다른 손님에게 이미 자기 손수건을 팔고 난 아이까지 달려와 양 옆에 딱 달라붙어서는 사 달라고 아우성이었다. 나도 왠지 아이 같은 고집을 부리면서 그럴수록 단호하게 거절했다. 그러면 그럴수록 아이들은 누가 이기나 보자는 듯, 협박하는 듯한 무서운 어른의 표정을 지었다가 그래도 안 되면 금방이라도 울 것 같이 불쌍한 얼굴을 지었다. 아이들이 너무 두렵게 느껴지기도 했고 나 때문에 앞에서 기다리고 있던 일행에게 미안해서 더 이상 버티지 못 하고 결국은 손수건을 샀다. 그리고 아이들에게 손수건을 다시 팔라고 돌려주었다. 아이들이 너무 해맑게 땡큐를 연발하며 신나게 뛰어갔는데, 그제야 아이들에게 쓸데없이 못된 짓을 했다는 생각이 들었다.

재걸음으로 일행에게 가 보니 일행들은 산에 오르는 말을 타기 위해 줄을 서 있었다. 택시승강장처럼 말들이 한 줄로 서 있고 관광객들은 그 바로 옆, 말에 올라타기 좋은 높이로 세워진 승강장에서 차례대로 말에 올랐다. 나도 아무 생각 없이 내 순서를 기다리며 승강장에 서 있었다. 기다리는 동안 말들을 돌아보았는데 말이라기보다는 망아지보다 작은 나귀처럼 모두 체구가 작았다. 그 중에서도 유독 작고 힘없어 보이는 말이 눈에 띄었다. 나는 그 말을 보며 '설마 내 순서에 저 말이 오지는 않겠지'하며 다소 불안해졌다. 불행하게도 설마가 사람을 슬프게 하는 경우는 생각보다 흔하다. 내 순서가 되었을 때, 그 가련한 말이 내 옆에 나란히 서게 되었다. 나는 한국 사람들의 일반적인 기준에서 볼 때 분명한 비만이다. 평생 단 한 번도 날씬했던 적이 없다. 그러니 얼마나 구석구석 살들이 알차게 들어찼겠는가. 그 살들로 그 가냘픈 나귀의 척추를 내려 누를 생각을 하니 죄의식이 밀려왔다. 아마 그 말도 줄 서 있는 동안 '저 아줌마만 아니었으면' 했을 것이다. 그래도 줄이 밀려 있는 상황에서 조금이라도 더 큰 말을 바꿔달라고 할 수도 없어서 일단은 어떻게 되겠지 하는 심정으로 말을 타버렸다. 역시나 말이 겨우 한두 발짝을 떼자마자 우려했던 사태가 벌어졌다. 그 가련한 말이 휘청였던 것이다. 내 팔뚝만큼 얇은 그 다리가 후들후들 거리는 게 느껴졌다. 분명 말이 작은 것이었는데 왜 그렇게 창피하고 미안했는지 도저히 더 갈 수가 없었다. 나는 옆에서 말을 끌던 마부 소년에게 그만 세우라고 하고 내려서 요금을 손에 쥐어주었다. 난 안 타고 가도 되니 얼른 또 다른 손님을 태우라고 소년을 보냈다.

심난해진 마음에 일행들도 먼저 출발하고 혼자 남은 상황에서 나는 굳이 남들 따라 분화구를 보러 산을 오르고 싶지 않았다. 그래서 선착장 가까이 있는 초소 같은 건물에서 햇볕을 피해 일행이 내려올 때까지 기다리기로 했다. 그나마 그 건물 안에 의자가 있어서 한참 앉아 있을 수 있었는데, 초소 안에는 갓난아기를 안은 젊은 엄마가 배를 기다리고 있었다. 그리고 얼마 안 있어 아까 손수건 팔던 여자아이들이 뛰어들어 왔다. 아이들은 언제 그랬냐는 듯 마냥 해맑은 얼굴로 갓난아이를 보며 까르르 거렸다. 그러더니 또 금새 밖으로 몰려나가 바닷가 땡볕 아래에서 뛰어 놀았다. 아이들도 다음 배를 기다리는 중인 것 같았다. 나는 아이들과 같이 놀고 싶어졌다. 다가가서 말을 걸었는데 아까의 그 무섭고 불쌍한 얼굴은 온데간데없이 천진난만하게 나를 반겨주었다. 아이들은 그 곳에서 하루 종일 그렇게 배를 기다리며 손수건을 판다고 했다. 끼니나 씻고 쉬는 걸 해결할 수 있는 곳이 따로 있는 것도 아니고, 챙겨주는 어른도 없이 그렇게 종일 손수건을 팔면 그 돈으로 식구들이 하루를 연명한다고 했다. 물론 학교도 가지 않는단다. 그나마 비가 많이 오는 날 학교를 갈 수 있는데 통학거리가 걸어서 왕복 4시간이나 걸리기 때문에 아예 안 가는 게 나아서 학교는 애초에 생각하지 않는다는 것이다. 이가 있는지 머리며 온 몸을 연신 긁으면서도 아이들은 그런 얘기를 해맑게 웃으며 들려주었다.

아이들이 디지털 카메라를 신기해해서 주로 사진을 찍어주고 놀았는데 찍은 사진을 보겠다며 카메라 화면 앞으로 다들 머리를 모으는 바람에 그 후 며칠 동안 가려움증에 시달리기도 했다. 사람들이 내게 미련하다고 했지만, 차마 그 기특하고 해맑은 아이들에게 자신들을 꺼리고 피하는 느낌을 주고 싶지 않았다. 기껏 친하게 놀다가 티 나게 그러는 건 배신이다.

일행이 돌아와 아이들에게 잘 지내라는 인사를 하고 돌아서는데 나에게 손수건을 강매했던 아이가 뛰어왔다. 그리고는 아까 내가 다시 팔라고 주었던 손수건을 또다시 내 손에 쥐어주었다. 아이는 아무 말을 하지 않았는데 나를 올려다보는 눈에 그 아이의 진짜 표정이 들어 있었다. 미안했다고 말하는 것 같기도 하고, 재미있었다고, 잘 가라고 하는 것 같기도 한데, 뭔가 그것만으로는 다 표현할 수 없는 게 느껴졌다. 믿는 사람을 쳐다보는 눈빛 같다는 느낌.

배를 타고 나오며 아이들을 돌아보았다. 아이들 뒤로 산꼭대기에서 여전기 연기가 피어오르고 있었다. 아마 따가이 따이 섬이 화산활동을 멈춘다면 관광객들이 더 이상 그 섬을 찾지 않을 것이고 아이들의 생계도 따라 끊길 것이다. 어쩌면 아이들이 믿는 눈으로 바라보는 건 산꼭대기에서 계속 피어오르는 그 연기뿐일지도 모른다는 생각이 들었다.

'너희가 침묵하면 돌들이 소리칠 것이다' – 바기오 메리놀 수녀원

필리핀 바기오에 가면 메리놀 수녀원이라는 곳이 있다. 그 곳은 원래 수녀원에서 운영하던 초등학교가 있던 곳인데 1990년에 지진으로 학교가 붕괴된 후 수녀님들이 고민 끝에 생태영성센터로 디자인해서 다시 문을 연 곳이다. 생태교육을 목적으로 하는 곳인 만큼 산 전체가 교육공간으로 활용되는데, 산 둘레를 따라 걸으면서 150억 년 전 우주탄생에서 현대에 이르까지 인류역사가 지나온 길을 연대기별로 체험하도록 되어 있다. 산책길에 연대기를 나타내는 장소마다 숲의 자연환경을 그대로 이용한 작은 푯말이나 조각작품들이 있을 뿐 숲의 환경을 훼손하는 인위적인 구조물은 찾아볼 수가 없었다. 그저 산 속 길을

인생의 빛

걸으며 빅뱅에서부터 은하계, 별, 지구의 생성과 진화를 묵상하도록 되어 있다.

　　숲 속 여정은 우주에 입문하는 것을 뜻하는 작은 종탑에서부터 시작된다. 그 종을 지나 몇 걸음 가면 은하계를 상징하는 원형모양의 바닥이 나오는데 그 안에 들어가기 위해서는 그 원형 둘레에 세워져 있는 작은 돌문 밑을 엎드려서 기어들어가야 한다. 안내자는 그것이 인간이 이 우주의 지배자가 아니라 한낱 작은 존재라는 것을 깨닫기 위한 행위라고 했다. 우리는 돌바닥 중앙에 있는 우주의 근원을 상징하는 돌 위에 손을 얹고 기도하는 의식을 치른 뒤 다음 순서로 출구 옆에 있는 나무를 조용히 껴안았다. 이어서 고생대부터 시작해서 지구의 역사를 주제로 한 산책길을 걷기 시작했다. 시작부분에서는 인류역사의 시작이 우주의 없으면서 있고 있으면서 없는 듯한 뭐라 말로 표현할 수 없는 그 어떤 상태였다는 것이 느껴졌다. 그리고 그 어떤 것이 펼쳐져 나오는 과정에서 인간보다 다른 동식물들이 먼저 생겨나서 살았다는 사실이 새삼스럽게 다가왔다. 산책길에서 연대기를 지날수록 인간은 이 우주를 다 알 수 없고 지구의 지배자도 아니라는 것이 되짚어졌다. 또 이 우주의 역사가 인간이 만들어 내고 믿는 법칙대로 계속해서 진화해 갈 것이라는 인간중심적인 역사관도 그저 인간만의 생각뿐임을 더욱 확신하게 되었다.

　　그러다가 산책로 중후반쯤에서 필리핀 지역의 초기 인류가 동굴생활을 시작한 시기를 상징하는 곳에 도착했다. 드디어 문명의 광휘를 상징하는 그 무언가가 나타날 것이라고 예상했지만 전혀 다른 공간이 나타났다. 인류사의 시작을 뜻하는 그 곳은 동굴이었고 그 안은 안내자가 초를 켜기 전까지 아무것도 보이지 않을 정도로 캄캄했다. 안내자는 그 곳이 죽음의 동굴이라고 했다. 그 작은 동굴에서 안내자는 들고 있던 촛불을 끄고 우리를 죽음과 없음의 상태에 대해 묵상하도록 했다.

　　우주에는 탄생과 성장, 번창도 있지만 그와 비례하여 죽음과 소멸도 공존한다. 죽음이 없이 탄생이 있을 수 없고 소멸 없이 생성이 있을 수 없다. 그래서 소멸과 죽음, 없음의 상태는 그 어떤 존재하는 것보다 무궁한 창조의 가능성을 지닌다. 생의 끝이 아니라 생

인생의 빛

의 또 다른 시작인 것이다.

그 동굴 안에서 나는 생각했다. 인류가 삶과 죽음이 하나로 연결되어 있고 소멸과 생성이 같은 에너지의 작용이라는 것을 믿는 마음으로 문명을 건설했다면 오늘날 인류 전반의 삶이 어떻게 되었을까? 인간도 동식물도 서로 한 우주의 기운에서 생겨났고 그렇기 때문에 서로를 위해 희생할 때 우주적 생명과 자유를 얻을 수 있다는 것을 굳게 믿었다면 어땠을까? 그랬어도 지금 같은 전지구적 생태위기가 생겼을까?

동굴을 나와 산책길의 마지막에 다다랐을 때, 그와 반대의 믿음을 가졌던 인류역사가 만든 결과를 볼 수 있었다. 숲 속 우주여행의 마지막 장소는 '통곡의 벽'이라는 돌벽으로 막혀 있었다. 성경에 예수가 제자들에게 자신이 보여준 진리와 사건에 대해 '너희가 침묵하면 돌들이 소리칠 것이다'라고 한 구절이 있다. 그 성경구절에 근거해서, 오늘날 지구 전체가 천한 공멸의 위기에서 죽어가는 생명들의 통곡을 들어야 한다는 뜻을 전하기 위해 수녀님들이 하나하나 돌을 쌓아 만든 것이라고 했다. 그곳에서 수녀님들은 인류가 피조물들의 탄식에 귀 기울이고 그들을 함께 구원하게 되기를 매일 기도한다고 했다.

어떤 사람들은 그렇게 숲 속에서 작은 돌벽 하나 만들어 놓고 기도만 한다고 해서 세상이 변하겠냐고 할 수도 있다. 그러나 나는 그 날 수녀님들의 맑고 여린 눈빛과 통곡의 벽을 이루고 있는 유독 작은 돌들을 보며 생각했다. 이제까지 인간은 크고 강한 것을 생성해내기 위해 점점 더 큰 형상과 큰 소리에만 집중해 왔다. 그러면서 더 작은 모양으로 부서지는 것들을 볼 수 있는 눈과 희미하게 흩어지는 것들을 들을 수 있는 귀를 잃었다.

우리가 그 작은 생명들이 고통받는 소리를 들을 수 있고 그 같은 여린 마음을 되찾을 수 있다면 얼마나 좋을까? 아이들이 애초에 타고나는 그 여리고 순수한 마음을 끝까지 지켜줄 수 있다면 세상이 얼마나 평화로울까? 그럴 수 있다면 성경의 구절대로 '사막에 꽃이 피고 어린 양과 사자가 함께 뛰어 놀며, 독사굴에 어린이가 손을 넣어도 물지 않는', 그런

현실을 맞이할 수도 있을 것이다. 우주 만물이 사랑으로 통하는 세계는 관념 속에서만 가능한 것이 아닐 수도 있다.

CANADA

캐나다

게리, 넌 감동이었어 - 위니펙, 하트랜드에서

캐나다 위니펙 공항에 내렸을 때다. 한국에서 위니펙의 하트랜드(Heartland)라는 영어학원을 미리 등록해 놓고 갔기 때문에 공항에 이미 게리라는 학원 측 사람이 마중나와 있었다. 사십대 초반의 수수한 옷차림을 한 남자였는데 말투도 조용조용하고 환영인사도 맹숭맹숭하길래 학원의 정식 직원이나 선생님은 분명 아닐 거라고 생각했다. 결정적으로 그의 티코만한 낡은 소형차를 보는 순간 그가 아르바이트직일 거라고 확신했다.

그 차를 타고 가며 게리와 나는 영하 40°도까지 내려가는 캐나다 겨울날씨의 위엄에 대해 짧게 얘기를 나누었을 뿐, 그 외에는 아무 말도 없었고 서먹하기만 했다. 홈스테이하기로 되어 있는 집에 도착해서도 그는 집주인 아주머니에게 내 짐이 정말 많다는 말만 한 번 건네고는 묵묵히 짐을 올려다 줄 뿐이었다. 마지막으로 현관문에 서서 다음날 아침 학원가는 길과 등교시간을 알려주고 돌아설 때에만 살짝 웃음이 비쳤다. 처음 본 게리는 소극적인 듯하면서 성실하고, 허름한 듯하면서 정중한 사람이었다. 사무적으로 대해야 할지

쉽게 친근하게 대해야 할지 판단이 잘 되지 않았다.

다음날 아침, 학원에 간 나는 게리를 보고 깜짝 놀랐다. 아르바이트직이거나 말단직원인 줄 알았던 게리가 정장차림으로 출근을 했기 때문이다. 아침부터 공항에 마중 나가야 할 학생이 또 있나보다 생각했었는데 게리는 사무실에서 앉아서 컴퓨터 작업을 하기 시작했다. 오전 수업을 마치고 나와 보니 점심시간에도 게리는 학원 안에 있었다. 그 다음날에도 게리를 볼 수 있었는데 화장실 청소에 여러 허드렛일과 사무보조일까지 업무에 구분이 없었다.

그렇게 하트랜드의 첫 주를 보내던 마지막 날, 나는 학원의 다른 직원을 통해 게리가 하트랜드의 원장이라는 사실을 알게 되었다. 그리고 게리가 나와 동갑이라는 얘기도 들었다. '이런 새로운 인간형을 만나다니!' 나는 솟구치는 감동과 호기심을 안고 그 즉시 원장실로 달려가 문을 두드렸다.

_"게리, 너 나랑 동갑이라며? 우리 친구해."

게리는 순간 당황스러운 듯하더니 피식 웃으며 너무 쉽게 대답했다.

_"OK"
_"근데, 난 네가 이일 저일 다 하는 아르바이트직인 줄 알았어. 너희는 교장선생님이 화
  장실 청소도 하고 막 그래?"
_"왜?, 안 돼? 선생님들은 수업 열심히 하고, 사무원은 사무 잘 보고, 나는 내 일 다 하고
  남는 시간에 다른 사람들이 일 더 잘 할 수 있게 돕는 거야. 우리는 십년 넘게 같이 일
  해 온 좋은 친구들이거든. 당연한 거 아냐?"
_"아니, 안 되지 않아. 너무 당연한 거지. 하지만 게리, 그게 … 한국에서는 좀 당연한데

당연하지 않아."

그날 이후로 나는 게리와 친해지고 싶어서 그가 환경운동가이자 채식주의자인 줄도 모르고 장조림이며 한국 인스턴트 라면을 종류별로 계속 선물했다. 게리는 싫은 기색 하나 없이 매번 행복한 얼굴로 받아 주었는데 나중에 정말 친해지고 나서야 사실 자기가 나보다 세 살이 많다는 것과 채식주의자라는 사실을 말해주었다. 게리는 좀 차가워 보이기도 하지만 그렇게 겸손하고 따뜻하고 자연스러운 사람이었다.

그의 친구들이어서 그런지 하트랜드의 선생님들도 게리처럼 진실하고 소탈하고 하나같이 다정했다. 그리고 시간이 지나면서 그런 게리의 마음씨가 하트랜드의 교육이념과 교육과정, 선생님들의 마인드로 녹아들었다는 것을 알 수 있었다. 형식을 통한 통제나 권위주의 같은 것은 찾아볼 수가 없었다. 게리와 선생님들, 전 세계에서 온 학생들이 가족처럼 지냈다. 수업시간에도 공부한다는 느낌을 받을 수 없었다. 자연스럽게 이야기하고 놀면서 배웠다. 너무 재미있고 행복해서 학원에 갈 수 없는 주말이 너무 싫었다.

하트랜드가 대학부설의 대형 어학원이 아니라 작은 사설학원이라서 누릴 수 있는 혜택이었지만 꼭 그런 이유에서만은 아니었다. 하트랜드는 규모는 작지만 세계의 축소판 같은 곳이었다. 인종, 국가, 연령, 직종이 다양했고 그 비율이 조화로워서 세계를 만날 수 있는 곳이었다. 나는 하트랜드에서 각기 다른 세계인이 가족처럼 한 데 모여 함께 배우고 도우며 사는 법, 그리고 인류애를 배웠다. 효과 좋은 영어학습은 자연스럽게 따라오는 덤이었다. 그래서 하트랜드를 다녀간 사람들은 모두 영어 그 이상의 것을 배워간다고 말한다. 나 역시 하트랜드를 내 인생에서 가장 따뜻하고 훌륭한 배움터로 기억한다. 게리와 그곳 선생님들 덕이다.

가끔 교육대학원 수업에서 하트랜드의 수업 이야기를 하면 고등학교 영어나 일어 선생님들이 한국학교 현실에서는 불가능한 수업이라고 낙담하는 경우가 종종 있었다. 아마

인생의 빛

대부분의 선생님들이 공감할 것이다. 그런 한국의 어학교육 현실을 몰라서 하는 말이 아니다. 나는 하트랜드에서 교육자의 의지가 아이들에게 다른 교육현실을 열어 주는 것을 보았다. 우리 교육현실에서 거대한 교육제도의 위압감과 패배주의, 방어적인 자기위안에 속에서 교육자로서 지녀야 할 불굴의 의지에 집중하려는 교사가 얼마나 될까? 물론 감사하게도 곳곳에서 그런 무수히 많은 선생님들이 빛도 없이 자리를 지켜주고 계신다. 하지만 전체적으로는 학교 안에서 구조적으로 주어지는 역할에만 충실한 교사들이 훨씬 더 많을 것이다.

아이들에 대한 사랑은 의지를 낳는다. 그 의지를 포기하지 않으면 현실의 한계를 뛰어넘는 새 길이 열린다. 그리고 그 길의 시작은 전체 패러다임의 전환으로 이어진다. 혼자 하는 것이 아니라 거기에 아이들이 응해오기 때문이다. 문제는 두 가지, 교사가 그것을 어려워하는 생각에 갇혀 있다는 것과 아이들의 힘을 믿지 않는다는 것이다. 사랑에 근거한 인간의 창조력이 균열을 가할 수 없는 것은 아무것도 없다. 사랑은 제도나 학칙을 통해서가 아니라 아이들에 대한 믿음과 정성과, 시간, 노력에 의해서 현실화되는 것이다. 나는 언어뿐만 아니라 모든 과목의 선생님들이 입시에 대한 부담과 교과서 진도에 얽매이지 말고, 수업 시간 50분 동안, 아니 그 중 5분이라도 아이들이 스스로 생각하고 말하고 서로 도우며 배울 수 있는 학습법을 시도해 보길 바란다. 분명, 더 큰 배움과 행복이 있을 것이다.

교육현장에서 아이들과 직접 부딪히며 새로운 교육현실을 만들어 낼 사람은 교사뿐이다. 용기를 내어 함께 시도하면 좋겠다.

버스 아저씨의 점심식사 - 위니펙 다운타운 근처에서

어느 겨울 날, 나는 점심약속이 있어서 홈스테이 하던 집에서 버스를 타고 다운타운으로 가고 있었다. 그런데 다운타운에 가까워지자 운전사가 정류장에 버스를 세우고 내려서 어디론가 가버렸다. 그동안 승객들은 아무도 운전사를 찾거나, 웅성거리며 서로에게 물어보지도, 주변을 두리번거리지도 않았다. 별 일 아니겠지 싶어 나도 덩달아 그랬다. 그런데 마냥 그러고 있는 것이 그리 쉬운 일이 아니었다. 나는 한국 사람이니까. 시간이 길어지자, 더 이상 참을 수가 없어서 '차가 고장났나?' 하고 창밖으로 고개를 내밀어 주변을 둘러보았다. 차가 고장난 경우가 아니고서야 운전사가 그렇게 긴 시간 자리를 비울 리가 없다고 생각했기 때문이었다. 그런데 운전사는 어디에도 보이지 않았다. 20여 분이 지나서야 운전사가 돌아왔는데, 그의 손에 맥도날드 봉투가 들려 있었다. 운전사가 걸어 온 쪽으로 멀리 내다보니 맥도날드 앞에 사람들이 줄을 서 있는 게 보였다. 운전사는 맥도날드에서 점심을 해결하고 온 것이었다.

　　한국의 전철이나 버스에서는 상상도 못할 일이었다. 서울에서 전철이나 버스 운전기사들이 승객들에게 말도 없이 차를 세워둔 채 20분을 나갔다 돌아왔다고 상상해 보자. 돌아온 후에도 아무 설명이나 사과 한마디 없이. 승객들의 반응은 설명할 필요가 없을 것이다.

　　나는 어이가 없어서, 옆 자리에 앉아 있던 캐나다 아주머니에게 확인 차 질문을 했다.

_"아저씨, 어디 갔다 온 건지 아세요?"
_"맥도날드에서 점심 먹고 왔잖아요. 아까 맥도날드 들어가는 것 못 봤어요?"
_"이런 일이 자주 있나요?"
_"왜, 급한 일 있어요?"
_"아니, 좀 당황해서요. 한국에서는 있을 수 없는 일이거든요."
_"그럼 한국 운전사들은 제 때에 밥을 못 먹고 일한다는 말인가요?"
_"아, 뭐 그런 건 아닌데 …."
_"운전사가 점심시간에 밥 먹는 게 당연한 것 아닌가요?"

나는 운전사 아저씨의 행동보다 아주머니의 이야기에 더 놀랐다. '아, 그래서 버스 안의 모든 승객들이 아무렇지도 않게 기다렸던 거구나.' 그날, 사정 모르고 문제해결능력 발휘한답시고 운전사 아저씨를 찾아 나섰더라면 캐나다 사람들에게 비정한 한국인의 인상을 남길 뻔 했다.

그 일뿐만이 아니었다. 또 어느 날은 젊은 두 버스 운전사들이었는데 정해진 정거장에서 근무교대를 하고 있었다. 근무 인계받는 사람이 한 정거장에서 기다리고 있다가 버스에 타더니 점퍼를 갈아입고 모자까지 잘 챙겨 넣고는 운전할 채비를 다 마쳤는데도, 앉아 있던 운전사와 교대를 하지 않는 것이었다. 신호가 네 번이 지나도록 버스는 출발하지 않았다. 정거장마다 정해진 도착시간을 맞추느라 대기하는 경우도 아닌 것 같았다. 사실 캐나다 사람들은 그런 것에 조바심을 내지 않는다. 두 사람은 애가 아프다더니 좀 어떠냐? 주말 파티에 무슨 음식을 가져가면 좋겠냐? 눈길에 운전이 힘들지는 않았냐는 등, 소소한 이야기를 나누고 있었다. 그 때도 승객들은 편안한 얼굴로 대부분 창밖을 내다보고 있었다.

한국 버스가 살기 위해서 달린다면 캐나다 버스는 그렇게 살면서 달리고 있었다.

안 될 것 없는 스무 살 연하와의 데이트 - 위니펙, 하트랜드 파티에서

하트랜드에 포르투갈에서 온 루이스라는 18세 청년이 있었다. 루이스는 영어학원에 등록한 첫날부터 계속 나와 같은 반이었다. 불행인지 다행인지, 그가 늘 지각을 하는 바람에 맨 뒷자리를 선호하는 나와 나란히 앉는 날이 많았다. 루이스는 반곱슬 머리에 기름진 피부, 터질 것 같이 통통한 볼과 쌍꺼풀 시원하게 진 전형적인 포르투갈계의 외모를 갖고 있었다. 그런 그는 웬만해서는 수업시간에 집중을 하지 않았다. 시선을 책의 아무 지점에 던져두고 늘 다른 생각을 하고 있었다. 금방 자다 일어난 부스스한 머리를 하고서 한쪽 다

리를 계속 떨다가 나와 눈이 마주칠 때면 게슴츠레하게 반쯤 풀어진 눈동자로 내게 윙크를 한 번씩 보냈다. 그럴 때만 그의 눈에 순식간에 총기가 돌았다. 느끼하기는 해도 재미있는 캐릭터라 얘기를 많이 해보고도 싶었지만, 안타깝게도 루이스의 입냄새가 10점 만점에 10점이었기 때문에 그저 '아이, 녀석, 양치 좀 하고 다니지' 하고는 혼잣말로 만족하는 수밖에 없었다.

그러던 어느 날, 수업이 끝난 후 학원에서 작은 파티를 하는데 루이스가 다가왔다. 어디서 본 건 있는지 벽에 한 팔을 짚고 서서 다른 한 팔로는 와인 잔을 빙글빙글 돌리며 내게 실없이 농담을 하기 시작했다. 유독 R발음을 길고 튀게 굴리는 남미 억양이 재미있어 한참을 들어주고 있었는데 갑자기 루이스가 벽을 짚고 있던 손으로 내 머리를 쓰다듬으며 주말 저녁에 뭐 할 거냐고 물었다. 별 일 없다고 했더니, 자기가 저녁거리며 와인까지 풀코스로 챙겨서 내 집으로 오겠다며 몇 시가 좋겠냐고 물었다. 그때 39살이었던 나는 18세 루이스가 데이트 신청을 하는 것이라고는 짐작도 할 수 없었다. 그래서 그러지 말고, 다음 주말에 학원친구들과 한국음식 파티를 열기로 했으니 너도 그때 오는 게 어떻겠냐고 했다. 그랬더니 루이스는 답답한 표정을 지으며 급기야 자기 바지주머니에서 무언가를 살짝 꺼내 보이며 은밀한 눈짓을 했다. 콘돔이었다. 이제야 알겠냐는 듯 그 시커먼 눈썹을 위아래로 두어 번 끄덕이더니 코앞까지 다가와 그 냄새나는 입으로 연실 'OK?, OK?'하고 다그쳐 물었다. '아, 이건 또 뭐지? 이 녀석, 그래 보이긴 했지만, 정말 너무 안 가리고 들이댄다'는 생각에 좀 짜증이 났다. 그래도 18세 청년의 그런 원초적인 데이트 신청을 평생에 언제 또 받아보랴 싶어, 루이스가 나름 고맙기도 하고 귀엽기도 했다. 문제는 루이스를 기분상하지 않게 거절할 마땅한 방법이 떠오르지 않았다는 것이었다. 그래서 궁여지책으로 생각해 낸 것이 루이스의 엄마였다. 그녀의 나이가 나와 같았기 때문이다.

인생의 빛

_"루이스, 너희 어머니 몇 살이라 그랬지?"

_"서른아홉 살."

_"나는 몇 살이지?"

_"너도 서른아홉 살."

_"내가 네 엄마나 마찬가지잖아."

_"왜 이래, 유니, 그게 문제야? 너 우리 엄마 아니잖아."

　　첫 번째 작전 실패. 두 번째 핑계를 댔다.

"음, 음, 네 나이면 우리나라에서는 고등학생인데, 고등학생하고 어른하고 그러는 건 나
쁜 일이야. 불법. 불법."

"여기서 나 성인이고, 여기 너희 나라 아니잖아. 합법, 합법"

　　더 이상 수가 없었다. 사랑은 감정인데, 무슨 형식적인 변명이 소용이 있겠는가. 감정
에는 감정으로 솔직히 대하는 게 정석이다.

_"네가 맞아. 그러고 보니 우리 사이에 아무 문제 될 게 없네. 그런데 어떡하니, 네가 내
스타일이 아니라서. 아이구 안타까워라, 미안해, 루이스"

　　우리 포르투갈 상남자, 루이스, 그 순간 한번 호쾌하게 웃고 나더니 이후로 나를 '코
리안 마미'라고 부르며 아들처럼 귀엽게 따라다녔다. 그렇게 해서 나는 포르투갈에 느끼한
아들 하나를 두게 되었다.

니들이 영어의 참맛을 알아? - 멕시코' 영어능통자, 소피아와의 수업에서

캐나다에 있던 마지막 두 달 동안 나는 멕시코에서 온 18세 소녀, 소피아와 함께 한 집에 살았다. 소피아는 온 가족이 영어에 능통한 집안의 외동딸이었는데, 그녀의 엄마는 영어선생님이셨고 삼촌은 미국 현지인보다 영어를 더 잘 한다고 했다. 이 가족은 소피아가 영아기였을 때부터 영어교육을 했는데 소피아의 영어실력이 워낙 뛰어나서 하트랜드에서는 그녀가 왜 캐나다에 어학연수를 하러 왔는지 이해가 되지 않는다고 할 정도였다.

룸메이트였던 나는 어느 날 저녁 식사를 같이 하면서 그녀에게 물었다.

_"소피아, 너 영어 잘 하는데 왜 어학연수를 왔어?"
_"응, 엄마가 현지인들과 겨뤄도 손색이 없을 만큼 잘 가르쳤는지 확인하고 싶다고 보내
　셨어."
_"와우, 엄마 자부심이 대단하시구나. 근데 그거 벌써 확인됐으니까 여기 더 있을 필요
　없지 않아?"
_"글쎄"

소피아는 캐나다에 온 지 일주일도 안 되어서 가족으로부터의 임무수행을 마쳤다. 모두가 그녀의 실력을 인정했고 그녀 자신도 확신에 찼기 때문이다. 그래서 그녀는 하트랜드에서 수업보다는 세계에서 온 다른 인종의 청년들과 청춘사업을 하는 데 열중했다. 그래서 모두들 소피아의 유학생활을 부러워했는데 어느 날 그녀의 학구열이 재가동되는 일이 일어났다.

소피아와 내가 듣던 수업은 프리토킹이 많은 수업이었다. 주제도 다채로웠고 연령대와 직업이 다양하고, 남아공, 러시아, 멕시코, 브라질, 사우디아라비아, 타이완, 프랑스, 페

루 등 인종도 다양해서 세계의 언어와 문화까지 접할 수 있는 역동적인 수업이었다. 그 속에서 전형적인 멕시코 여인의 미모까지 겸비한 소피아는 인생의 경륜과 학식의 차이를 제외하고 단연 독보적인 존재였다. 그래서 자연스럽게 소피아가 발언권을 차지하는 경우가 많았다. 그런데 어느 날, 반 학생 모두가 흥분해서 한 마디씩 외치는 사건이 생겼다. 감정적으로 흥분하다보니 저마다 자기 모국어의 억양과 발음구조로 영어를 말하기 시작했는데 소피아는 대화가 오가는 내내 한 마디도 끼어들지 못 했다. 내가 토론 중에 답변내용을 생각하느라 좀 뜸을 들였는데, 배려심 많은 타이완 친구가 내가 부끄러워서 답을 못 한다고 생각하면서 사건이 시작되었다.

_"오우, 유니, 뗑비샤이(Don't be shy, 부끄러워 하지 마), 뗑비샤이."

그러자 세계화 교육의 여파로 영어수업에 대한 압박을 받아 방학을 이용해 어학연수를 온 프랑스의 수학선생님이 거들었다. 그녀는 완전 초급단계였는데 개의치 않고 영문법을 무시하고 프랑스어와 영어를 섞어 썼다.

_"야, 유니, 유 깡 두 데, 데, 잉그리쉬 이질리(You can do english easily, 유니 넌 영어
  쉽게 할 수 있어.)"

포르투갈 아들, 루이스까지 스페인어의 두드러지는 R발음을 현란하게 떨며 돕겠다고 나섰다.

_"유니, 왓쯔 룅 위드유 뚜데이?, 유어 아이디어 이즈 베리 임쁘르~~딴뜨, 뜨라~이
  (Yuni, What's wrong with you today? Your idea is ver important, try, 유니, 오늘

인생의 빛

왜 그래? 니 생각이 중요하잖아, 말해봐)."

드디어 그 상황을 지켜보고 있던 소피아가 답답하다는 듯 혼잣말로 우리 모두에게 불쾌한 듯, 바보 같다고 중얼거렸는데 그만 그 말이 모두에게 들려버렸다. 그러자 옆에 앉아 있던 자존심 강한 한국의 여고 2년생이 한국의 초등학생들이 싸울 때 내뱉는 유치한 억양으로 소피아를 공격했다.

_"소피아, 유~ 아~, 베리 베드"

이 콩글리쉬 한마디를 시작으로 여기저기에서 여과되지 않은 자국형 영어가 거침없이 터져 나오기 시작했고 분위기는 갈수록 격해졌다. 그래도 물론 서로 웃고 재미있어 하며 수업을 마쳤기에 그 또한 좋은 추억이 되었지만 소피아는 그날 표정이 좋지 않았다. 다른 이유에서가 아니라, 자신의 영어실력이 현지에 적응 불가능하다는 충격적인 사실을 접했기 때문이었다. 소피아를 제외한 나머지 학생들은 그래도 얼추 알아듣고 논쟁이든 농담이든 주고받았는데, 소피아는 거기에 편안하게 낄 수가 없었다. 시험으로 치면 다 감점이 될 발음과 억양이었지만, 오히려 그렇기 때문에 서로 더 열심히 알아들으려 애쓰고, 문법이 정확하게 맞지 않아도 서로 넘어가 주는 어중간한 세계인들의 대화에 소피아는 적응할 수 없었던 것이다. 최고의 영어교육을 전수했다고 자부해 온 소피아의 가족이 소피아의 영어교육에서 놓친 맹점이 드러난 사건이었다. 늘 아메리칸식 억양과 발음을 구사하지 않으면 철저하게 지적받고 수정해야 했던 소피아에게 그날 일은 당연히 충격이었을 것이다.
며칠 후 소피아는 하트랜드에 새로운 개념의 수업을 열어달라고 건의했다. 각기 다른 언어권의 사람들이 같은 영어단어나 문장을 어떤 발음과 억양으로 다르게 구사하는지 배울 수 있게 해 달라는 것이었다. 여타의 사정으로 그런 수업이 개설되지는 않았지만 소피

인생의 빛

아는 멕시코로 조기 귀국할 계획을 변경하고 그 이후 가능한 한 다른 언어권의 친구들을 사귀고 그들 식의 영어를 익히는 데 최대한 열중했다.

한 사람이 아는 언어의 수는 그 사람이 접할 수 있는 다른 문화권의 수와 동일하다는 말이 있다. 아직까지는 영어가 일반적이지만 어떤 언어이든 인류에게 다른 언어와 문화를 접할 수 있는 공동의 언어가 있다는 것은 소중한 일이다. 그런 언어로서 현재의 영어는 세계인의 대화를 가능하게 하고 인류가 가족이 되도록 돕는 수단 중 하나이다. 그렇기 때문에 영어는 융통성 있게 쓸수록 유용하다. 굳이 미국인들처럼 발음할 필요 없고 문법이 완벽하지 않아도 된다. 모국어 하나밖에 모르면서 선진국민이라고 으스대는 영어권 나라 사람보다 모국어에 더해 영어까지 알고 있는 사람들일수록 더 많은 언어와 문화를 이해할 수 있는 능력을 갖춘 경우가 많다.

그러니 실질적인 영어실력과 상관없이 기술적으로 토익점수 높이는 데만 열중하지 말고, 외국어 교육이랍시고 영어 하나만 강조하지 말고, 직장에서 쓸 일 거의 없는 영어 스펙 때문에 외국 어학연수 하느라 부모 등골 빼지 말고, 미국식 발음 안 된다고 말하기 부끄러워하지 말고, 어설픈 콩글리시라도 된다. 당당히 말해도 괜찮다. 영어는 통하기만 하면 되는 것이다.

'Hi~'를 잊은 알리 – 위니펙의 밤늦은 버스정류장과 서울의 한 편의점에서

캐나다에서 함께 살던 알리라는 동생이 있다. 그녀는 마치 캐나다의 인디언 소녀처럼 긴 생머리에 유난히 맑은 눈을 가지고 있는데 모르는 사람과 인사하기를 좋아하기를 즐기는 게 가자 큰 특징이다. 워낙 외국사람들은 모르는 사이라도 '하이'와 '좋은 하루'를 자연스럽게 건네기 때문에 그런 알리에게 캐나다는 천국 같은 곳이었다. 약간 인디언 분위기가

인생의 빛

나서였는지 그녀는 백인과 인디언 모두에게 인기가 좋았다. 어느 날은 밤늦은 버스정류장에서 노숙자 한 사람이 주위를 계속 맴돌며 음흉한 눈빛으로 알리를 계속 보고 있었는데, 알리는 전혀 불쾌해 하지 않았다. 자기에게 '하이'와 '뷰티풀'을 말해주는 마냥 친절한 캐네디언으로만 보고 있는 것 같았다. 나는 버스가 도착할 때까지 불안해서 그 노숙자 아저씨에게서 눈을 떼지 않고 있었지만 알리는 그의 시선을 즐기며 헤죽헤죽 웃고만 있었다. 심지어 버스에 오르면서 그에게 '좋은 밤 되세요'하고 손도 흔들어 주었다. 알리는 당해 보기 전까지는 사람을 의심하거나 경계할 줄 모르는 천진한 사람이다.

한국으로 돌아온 후에도 알리는 한동안 모르는 사람들에게 '하이'하고 웃으며 인사하는 습관을 버리지 못 했다. 동네 편의점에서 아르바이트 하는 청년이 있었는데 알리는 그에게도 매번 '하이'를 했었단다. 그런데 어느 날 그 청년이 알리가 또 '하이'를 하자 작정하고 있었다는 듯 진지한 얼굴로, '혹시, 저한테 관심 있으세요?'하고 물었다는 것이다. 당황한 알리는 변명도 제대로 하지 못 하고 본의 아니게 헤픈 여자가 되어버렸다.

또 어느 날은 알리가 대중목욕탕 사우나실에 갔을 때, 먼저 들어와 있던 낯선 아주머니와 눈이 마주쳤단다. 알리는 또 자동적으로 활짝 웃으며 '안녕하세요?'하고 인사를 했지만 아주머니는 민망한 표정을 지으며 '저 아세요?'하고 차갑게 쏘아 붙였단다. 알리는 그 날 그 더웠던 사우나실이 영하 40까지 내려가는 캐나다 겨울날씨처럼 춥게 느껴졌을 것이다.

캐나다에서 귀국한 후 알리는 그렇게 여러 번 이상한 사람 취급을 당했지만 다행히도 여전히 순수하고 맑은 그 눈빛을 잃지 않고 있다. 하지만 안타깝게도 그 두 사건 이후 알리는 더 이상 '하이'를 하지 않는다.

"유니, 난 레스토랑 종업원으로 살아서 너무 행복했어."
- 위니펙, 어느 교회 은퇴식에서

캐나다에 도착해서 한 달 남짓 홈스테이 생활을 했다. 남아공에서 이민 오신 할머니 혼자 사시는 집이었는데 할머니는 세련된 스타일의 짧은 은발머리와 크고 동그란 눈 때문에 부드럽고 사랑스러운 이미지였다. 하지만 십대 초반의 어린 나이에 남아공을 탈출한 힘겨운 경험 때문이었는지, 부드러운듯하면서도 의외로 고집이 세고 자존심이 강해서 할머니를 대할 때면 항상 긴장을 풀 수가 없었다.

그런 꼬장꼬장한 성격 탓인지 할머니는 하루도 느슨하게 사시는 적이 없었다. 요가, 친구와 차 마시기, 봉사활동, 산책, 뜨개질 등 빼곡한 일상 때문에 아침에만 잠깐 할머니를 볼 수 있었다. 그래서인지 할머니는 그렇게 바쁜 와중에 틈이 날 때마다 나를 교회나 산책, 이웃집 파티에 데리고 가셨는데, 하루는 평일 저녁에 교회에 데리고 가셨다. 캐나다에서는 사람들이 은퇴식을 하는데 그 날은 할머니 지인의 은퇴식 날이었다. 장소만 교회였을 뿐이지, 은퇴식의 주인공을 아는 모든 사람들이 그날 한 장소에 모인 것 같았다. 심지어 은퇴하시는 분이 누군지 기억을 못 하는 사람도 있었다.

은퇴식은 이랬다. 20분 정도의 짧은 예배와 그날 모인 사람들 사이에 소개와 인사가 끝난 후, 목사님이 마치 옛날이야기를 들려주듯 은퇴자의 지난 인생과 일에 대해 자연스럽고 편안하게 늘어놓았다. 그리고 그 날 참석한 사람들 사이에서 한 사람 한 사람 연단에 올라와 지난 세월 은퇴자와 있었던 추억과 미담, 감사의 이야기를 발표했다. 미리 정해진 발표자도 있었지만 시간이 지날수록 자리에서 자발적으로 나오는 사람들이 더 많았다. 발표자들은 하나같이 은퇴자가 자신에게 얼마나 좋은 기억을 남겨주었고 행복하게 해 주었는지, 자신에게 어떤 좋은 영향을 미쳤는지에 대해 이야기했다. 길고 긴 이야기들이 끝나자 사람들은 은퇴자에게 다가가 저마다 준비한 작은 선물을 건네며 은퇴자를 따뜻하게 안

인생의 빛

아주었다. 그리고 집에서 준비해 온 음료와 과자를 나누며 밤늦도록 이야기꽃을 피웠다.

집으로 돌아와 할머니에게 캐나다에서는 누구나 이렇게 은퇴식을 하냐고 물었더니, 할머니는 원하면 누구든, 직업에 상관없이 그렇게 은퇴식을 한다고 하셨다. 할머니도 은퇴식을 하셨는데 평생 레스토랑 웨이트리스로 일하신 것이 그날 그렇게 뿌듯하고 감사할 수가 없었다고 하셨다. 할머니는 누군지 기억도 못 하는 사람들까지, 많은 사람들이 찾아와 할머니에게 감사의 말을 전했단다. 이혼 후 막막한 심정으로 식당에 넋을 놓고 앉아 있을 때, 할머니가 따뜻하게 말을 걸어 주어서 힘이 났다는 분, 이민생활이 힘들 때 할머니가 하소연을 들어주어서 매번 그 식당만 갔다는 분, 아이가 어릴 때 식사 한번 제대로 하기가 힘들었는데, 할머니가 언제나 먼저 다가와 편히 식사할 수 있도록 아이를 돌봐줬다는 분 등, 할머니는 그날 밤 꽤 긴 시간 동안 은퇴식날 할머니도 잊고 있던 사람들이 남기고 간 당신의 인생 이야기를 들려주셨다. 긴 이야기의 끝에 할머니는 그 큰 눈에 눈물을 글썽이며 아련한 눈빛으로 말씀하셨다.

_"유니, 나는 그런 아름다운 인생을 살아서 정말 행복해."

내 고향친구, 페루 노처녀, 차리 – 캐나다에서 만난 페루의 여성인권운동가

하트랜드에서 나보다 한 살 더 많은 페루의 여성인권운동가 친구를 사귀었다. 이름은 차리. 그녀는 거뭇한 피부에 약간 마르고 아담한 체격, 크고 동그란 눈을 가지고 있어서 누가 보아도 한눈에 남미 여인임을 알 수 있었다. 그녀는 주로 가정에서 학대받는 여성, 인신매매에서 탈출한 여성, 미혼모, 약물중독자, 문맹여성 등 페루의 가난하고 힘든 여성들을 돕는 여성인권연대단체에서 오랫동안 일했다. 그러다가 영어를 배워야 할 필요도 있

었지만 오랫동안 쉬지 않고 일해 왔기 때문에 안식년을 취할 겸 친척이 있는 캐나다로 왔다고 했다.

하트랜드 영어학원의 학생들 대부분이 20대여서 흔치 않게 나이도 비슷하고 같은 노처녀 처지였던 우리는 보자마자 친구가 되었다. 영어가 능숙하지 않아도 우리는 서로 잘 통했다. 심지어 이야기하다보면 차리가 어느새 자기도 모르게 내게 스페인어로 말하다가 한참만에야 알아차려서 배를 잡고 웃은 날도 많았다. 또 어느 날은 수업중 자기 인생얘기를 하는 시간에 그만 서로 눈물이 터졌는데 한동안 멈추지 않아서 주변사람들을 당황하게 하기도 했다. 우리는 그렇게 울다가 웃으며 짧은 기간에 고향친구처럼 되어버렸다. 서로의 인생에 대해서 많은 이야기를 나누었는데 차리는 내 이야기를 들을 때 처음 듣는 전혀 다른 나라 사람의 생소한 이야기인데도 꼬박꼬박 고개를 끄덕이며 공감해 주었고 이해가 더 필요한 부분은 한 번도 건성으로 넘어가지 않고 되물었다.

그런데 혼자서 고군분투하던 30대의 세월 동안 가족, 친구들과 소원해지고, 시름시름 앓게 된 몸에, 매일 죽고 싶다는 생각을 할 정도로 우울한 날들을 보냈다는 내 얘기는 차리에 비하면 유치하고 사치스러운 것이었다. 나는 아무리 몸과 마음이 고달팠다고 해도 누구나 겪는 인생의 한 고비를 넘긴 것이었고, 어쨌든지 세계여행을 할 만큼의 돈이든 학위든 모두 원했던 것을 이룬 삶이었다. 게다가 힘든 시기였지만 그 속에서 성숙한 삶을 사는데 필요한 것들도 배웠다.

하지만 차리는 인생의 전 기간이 절망뿐이었던 여자들과 한 공간에서 매일 살아야 했다. 차리가 일하는 곳의 여성들의 삶은 이야기를 듣는 것만으로도 끔찍하고 처참한 경우가 많았다. 차리는 그 모든 여성들의 상처와 고통을 자신의 것으로 겪으며 그들을 다시 건강하게 살리는 데 헌신해 왔다. 물질적 풍요나 안정적인 생활, 명예 같은 것들은 차리에게 애초부터 거리가 먼 것들이었다. 게다가 때로는 부당한 정부정책에 대항하기 위해 시위에 나서기도 하는데 실제 전쟁을 방불케 할 만큼 위험한 상황도 많이 겪었다고 했다.

인생의 빛

그런데도 차리는 당시의 나처럼 자신의 일에 대해 회의하거나 신세한탄 같은 것은 하지 않았다. 그녀는 소녀처럼 밝았고 오히려 늘 나를 위로해 주었다. 그런 차리가 너무 대단하기도 했지만 한편으로 안쓰러운 마음이 들어서 어느 날 차리에게 물었다.

_"차리, 결혼하고 애기도 낳고 평범하게 살고 싶지 않아?"
_"응, 그러고 싶지 않아. 난 결혼 안 할 건데"
_"진짜? 왜? 에이, 그래도 좀 해. 너도 좀 행복해야지."
_"유니, 나는 이 일이 제일 행복한데, 결혼을 하면 그 많은 사람들을 잘 돌볼 수 없잖아. 결혼이 제일 행복한 사람은 결혼을 하는 거고 다른 게 행복한 사람은 그걸로 행복하면 되지. 물론 결혼하면 행복한 것도 있겠지만 누구나 자기에게 가장 큰 행복을 선택하면 다른 것들은 좀 포기할 줄도 알고 그런 거 아냐? 어떻게 다 가지겠어. 어쨌든 나한테는 결혼이 지금의 행복보다 중요하지 않아. 근데 넌 아직 하지도 않은 미래의 결혼 때문에 지금 불행한 거야?"
_"아니, 뭐 꼭 그런 건 아니지만…."

차리에게서는 두려움 없이 자기 자신의 삶을 무한한 갈래로 열어나가는 힘이 느껴졌다. 자기 자신을 살 수 있는 인생의 한 길을 선택하고 그것을 뺀 나머지 모든 생의 욕망과 행복에 대해서는 즐겁게 포기하고 초월한 사람이 겪는 무한한 자유의 영혼 같은 것이 느껴졌다.

우리는 대부분 남들이 사는 삶을 선택하고 살아갈 때 안정감을 느끼고 그것이 행복이라고 생각한다. 물론 그것이 행복인 경우도 있지만 착각인 경우도 많다. 문제는 그것이 착각일 경우, 남들처럼 사는 삶의 형식들이 깨어져버리면 행복도 따라서 사라져버린다는 것이다. 삶은 정해져 있지 않고 매순간 변화한다. 저마다가 꿈꾸는 행복의 기준도 다 다르고

인생의 빛

또 변화한다. 그렇기 때문에 무엇이 되었든 자신이 사랑하는 일과 관계 속에서 자신의 삶을 더 새롭고 의미 있게 변화시켜 나가는 데 자기만의 고유한 에너지와 시간을 집중해야 한다. 결혼을 못 했다는 한 가지 때문에 지금의 행복을 누리지 못 하거나, 결혼을 했는데도 공허하고 불행하다고 해서, 불평하고 그것을 억지로 견뎌내기 위해 다른 건강하지 않은 일들에 에너지를 쏟아붓는 것은 인생을 낮은 차원에서 허비하는 것이다.

마흔이 다 될 때까지 당당한 노처녀로 살았다고 자부했는데, 차리 앞에서는 응석받이 어린아이였다. 지금도 페루의 스승의 날이면 차리는 내게 SNS를 통해 칭찬과 응원의 메시지를 보낸다. 또 내가 학생들과 강의실에서 찍은 사진을 보면 다른 것은 다 관심이 없고 사진에 찍힌 책상과 의자가 탐이 난다며 페루까지 보내달라고 농담 삼아 졸라대기도 한다. 차리네 강의실에는 책걸상이 우리만큼 좋지 않은가보다. 그런 차리 때문에 나는 엄살을 피울 수가 없다. 마흔 넘은 노처녀라고 외롭지도 않다. 차리가 스스로 행복할 수 있는 길을 알려 주었기 때문이다. 그리고 무엇보다 지구 반대편에서 그런 차리나 늘 나를 응원해 주고 있기 때문이다.

이렇게 아름다운 너와 함께 걸을 수 없다니 - 사우디아라비아에서 온 꽃미남 청년

어느 날 하트랜드에 A라는 이십대 초반의 사우디아라비아 청년이 나타났다. A는 180cm이 넘은 훤칠하고 늘씬한 몸매에 별이 쏟아질 것처럼 맑고 반짝이는 눈을 가진 아랍 꽃미남이었다. 생각도 어찌나 바르고 모두에게 매너가 좋은지 A는 잘 자란 사우디 왕소남으로 나타나자마자 하트랜드 소녀들의 우상이 되었다.

그러던 어느 주말 하트랜드에서 금요일 오후마다 하는 교외활동프로그램이 끝나고 각자 흩어져서 집으로 돌아가는 길이었다. 내 앞에 A가 혼자 걸어가고 있었다. 나는 내 짧

은 다리를 부지런히 놀려 그의 옆으로 다가갔다.

_"안녕? A? 집에 가?"

갑자기 방실방실 웃으며 나타난 나를 보더니 내 기대와 달리 그는 순간 움찔하며 당황했다.

_"아, 유니…, 근데 유니 너 결혼했어?"

그는 뜬금없이 평소 짧은 인사만 하며 오가던 내게 대뜸 결혼 여부부터 물었다.

_"안 했어, 왜?"
_"우리나라에서는 결혼 안 한 여자가 길거리에서 남자랑 같이 걸어가면 안 되거든."

그제야 '아, 그래서 그가 하트랜드의 소녀 팬들을 뒤로 하고 혼자 성큼성큼 걸었구나' 하는 생각이 들었다. 그리고 그 순간, 그 곳이 사우디아라비아가 아니라 캐나다라는 사실이 얼마나 다행이었는지 몰랐다.

_"그럼, 너 정말, 한 번도 사우디에서 네 또래 여자랑 걸어 본 적이 없어?"
_"글쎄…"
_"오우, 안 됐다. 하지만 긴장풀어. 여긴 캐나다잖아."

방향이 달라서 A와 그리 오래 걷지는 못 했다. 주말 잘 보내라는 인사를 하고 돌아서

인생의 빛

는데 하트랜드의 여학생들이 몰려오는 게 보였다. 멀어져 가는 A의 뒷모습과 그 여학생들을 번갈아 보는데 갑자기 종교와 문화에 대한 온갖 복잡한 생각이 밀려왔다.

'저렇게 아름다운 청춘들이 함께 걸을 수 없다니…'

신이 부는 피리소리 – 위니펙 더 베이 백화점 앞에서

캐나다에는 거지가 좀 있다. 유럽의 거지들이 대부분 가난한 나라에서 온 이민자들이나 유색인종들인데 비해 캐나다에서는 대부분이 인디언들이다. 이들은 돈이 없어서 거지가 된 것이 아니다. 캐나다 정부는 캐나다의 원주민이었던 인디언들에게 일하지 않아도 충분히 살 수 있을 만큼의 지원금을 주고 복지혜택을 누리게 한다고 한다.

그런데 그게 문제라고 보는 견해도 많다. 군이 일하지 않아도 되니 인디언들이 애써 일자리를 얻거나 백인 사회에 정착하려 노력하지 않는다는 것이다. 돈은 많은데 할 일이 없다보니 대부분 담배와 술, 마약을 하고 복권을 사는 데 돈을 다 써버린다는 이야기를 들었다. 그러니 정신적으로 무기력하고 피폐화되는 것은 당연한 결과일 것이다. 유럽의 백인들은 원래 북미원주민들이 주인이었던 땅을 빼앗아 주인행세를 하고 자리 잡았다. 그 과정에서 원주민들을 미개하고 잔인한 인종으로 왜곡하고 무차별하게 학살했던 것을 생각하면 현재까지 그들을 무기력하게 만들고 있는 것이 당연한 처사라는 생각이 든다. 물론, 2008년에 캐나다 정부가 1970년대까지 이어오던 인디언 동화정책에 대해 공식사과하기도 했다. 하지만, 그 한 번의 형식적 사과만으로 약 130개 기독교 학교에 15만 명의 인디언 아이들을 강제로 데려다 육체적, 정신적 학대를 가하고 인디언의 정체성과 문화의식을 말살하려 했던 기막힌 역사가 지워질 수는 없을 것이다. 또 그것이 현재 인디언에 대한 차별과 무시, 사회적 배제가 근절되었다는 것을 의미하는 것은 더더욱 아닐 것이다. 물론 그런 과거에 비해 더 나아진 면들이 분명 있겠지만 내 눈에는 거리의 인디언 거지들이 그들을 무기력화시키려는 백인의 지배가 아직도 계속 되고 있다는 증거로 보였다.

북미인디언들은 과거 식민지제국주의의 역사 속에서 유럽제국주의의 침략과 학살에 위대한 영혼, 간디 못지않게 고차원적인 인류애와 정신문화로 대응한 인종이다. 그들은 모든 인류를 어머니 대지로부터 태어난 한 형제로 보고 자신을 무참히 죽인 백인들 또한 자신들의 형제이기 때문에 죽일 수 없다고 하면서 무력으로 맞서지 않고 순순히 땅을 내어주었다. 단 한 가지, 백인들에게 절절한 부탁을 남겼을 뿐이다. 그것은 자신들이 살던 어머니 대지를 얼마나 사랑하고 존경했는지 그 마음과 생활양식들을 후대가 알 수 있도록 남겨주고 백인들도 그렇게 그 땅을 사랑해 달라는 것이었다. 다분히 주관적인 얘기지만, 나는 캐나다의 자연이 그토록 아름답고 숭고하게 느껴지는 이유가 오래전부터 인디언들로부터 그런 사랑과 존경을 받았기 때문이라고 생각한다.

이제야 현대는 그런 인디언들을 인류사에서 가장 자연적이면서 가장 높은 정신문명을 지닌 인종으로 재조명하기 시작하였다. 특히, 북남미에서는 인디언들뿐 아니라, 서구 산업제국주의 문명에 침탈당하기 전에 대륙마다 존재했던 원주민들의 자연친화적인 삶의 방식들을 생태적 지식이라는 개념으로 새롭게 발굴하고 그 가치를 재인식하려는 노력들이 활발히 일고 있다.

나는 류시화 시인의 '나는 왜 너가 아니고 나인가'라는 북미 인디언들의 이야기 모음책을 발췌해서 수업시간에 학생들에게 소개하고 함께 읽는다. 그 책에 실린, 인디언 추장들의 생생한 연설문들을 통해 현대 문명의 위기를 극복할 희망의 빛을 볼 수 있다. 또 여러 인디언 부족들의 기도와 시 속에서 인간이 자연을 대하는 숭고한 지혜와 영감도 배울 수 있기 때문이다. 그처럼 영롱한 이야기는 이론서적에는 나와 있지 않다.

그리고 그 날, 신의 노래같던 그 피리소리. 위니펙에서, 어느 일요일 아침 사람들이 대부분 교회에 가고 아무도 없던 다운타운 거리의 버스정류장에서 혼자 버스를 기다렸던

인생의 빛

적이 있다. 정말 신기하게도 그 때 거리에는 나밖에 없었는데 길 건너 대형백화점 처마 밑에 한 인디언 아저씨가 나타났다. 그 인디언 아저씨는 어깨에 메고 있던 천가방에서 인디언 전통 악기처럼 보이는 피리를 꺼내서 불기 시작했다. 길 건너 있던 나를 인디언 아저씨가 봤는지는 못 보았는지 모르겠는데, 아저씨는 세상에 혼자만 있는 사람처럼 너무도 고요하고 평화롭게 홀로 서서 피리를 불었다. 마치 꿈을 꾸는 것처럼, 너무나 신묘한 일이었다. 사람들이 없으니 구걸이나 거리연주를 하는 것도 아니었을 테고, 거의 모든 백인이 그들의 신에게 예배를 드리는 그 시간에, 그것도 하필 자본주의의 꽃인 백화점 앞에서 그 인디언 아저씨는 무슨 마음으로 혼자 피리를 불고 있었던 것일까?

그것에 대해서는 아직까지도 휑한 회색빛 빌딩 사이에서 울리던 그 피리소리를 들었던 느낌으로만 짐작할 뿐이다. 추악한 문명에 의해 사라져간 인디언들의 숭고한 마음과 어머니 자연에 대한 간절한 기도가 하늘로 피어오르는 소리였을까? 아니면 그 기도에 답하는 신의 노랫소리였을까? 태어나서 들어 본 소리 중 가장 영롱하고 아름답게 슬픈 소리였다.

길을 잃은 당신에게 – 우크라이나 노수녀님들과의 만찬에서

위니펙에 러시아정교회가 몇 군데 있다. 그 중에는 주로 동유럽권 출신의 수녀님들이 운영하시는 사회복지기관이 한 군데 있었는데, 나는 그 기관에서 당시 스물여섯 살이었던 세르비아 출신의 조지아 수녀님과 친구가 되었다. 조지아 수녀님은 마치 알프스 소녀 하이디처럼 맑고 천진난만한 사람이었다. 그녀는 자신이 머리염색과 매니큐어, 액세서리에만 신경 쓰던 생각 없는 청소년이었는데 어느 날 학교에서 고아원 봉사활동을 한 후, 고아원 아이들을 평생 돌보고 싶어져서 수녀가 되었다고 했다. 그녀는 나와 함께 있을 때는 항상 호기심이 많고 수다스러운 명랑소녀였지만 길을 나서면 버스에서든 공원에서든 낯선 이들

의 이야기를 친절하게 들어주고 위로의 말을 건네는 든든한 천사였다.

그런 그녀의 초대로 어느 날은 그녀가 머무는 수녀님들의 관사에 놀러가게 되었다. 그 관사는 은퇴하신 우크라이나 출신의 노수녀님들이 요양소였는데 스물여섯 살이었던 조지아는 그곳에서 막내 수녀님으로 일하고 있었다. 조지아 수녀님의 소개로 그곳 노수녀님들을 처음 만났을 때, 노수녀님들은 하나같이 맑고 온화한 얼굴을 하고 있었고 나를 진심으로 반겨주셨다. 수녀님들의 인상이 너무 평온하고 감사해서 나는 그곳을 다시 방문해서 수녀님들에게 저녁식사로 한국음식을 대접해 드렸다.

그날 저녁식사에는 생각보다 많은 사람들이 모였다. 한국음식을 처음 접한다는 수녀님들도 적지 않았고 한번 먹어봤는데 이후 쉽게 접할 수가 없어 아쉬웠다는 수녀님들도 계셨다. 게다가 예정에 없던 신부님까지 오셨다. 조지아가 처음에 알려준 인원은 16명 정도였는데, 모인 수는 25명이 넘었다. 워낙 손이 큰 것이 그 날만큼은 다행이었다. 불고기, 유부초밥, 해물전, 잡채, 캐나다 사람들이 좋아하는 것들로만 준비했는데 한국음식을 처음 접하시는 연로하신 수녀님 한 분을 제외하고는 모두 '수퍼 굿'을 연발하며 맛있게 드셨다.

그런데 다 드시고 나더니 내게 답례를 하고 싶으시다며 모두들 일어나 우크라이나의 민요와 성가, 그리고 결혼 기원노래를 불러주셨다. 우크라이나의 아카펠라 성가는 세계적으로 인간의 육성이 만들어 낼 수 있는 가장 아름다운 소리 중 하나로 유명한데, 우크라이나의 아카펠라 성가를 듣지 않고서 인간의 목소리에 대해 운운하지 말라는 말까지 있을 정도라고 한다. 나는 그날 무슨 복인지 지상에서 가장 아름답다는 그 소리를 세 곡이나 들었다. 게다가 노래가 끝나고 수녀님들이 한 분 한 분씩 나를 포옹하며 축복의 말까지 해주셨다.

그리고 감동으로 눈물을 훔치며 서 있는 나를 휠체어를 탄 노수녀님 한 분이 부르셨다. 수녀님은 차를 권하시며 당신의 방으로 나를 안내하셨다. 소박한 침대와 책상, 십자가 하나가 전부인 작고 정갈한 방에서 수녀님은 내 손을 잡으며 나지막이 물으셨다.

인생의 빛

_"유니, 그동안 한국에서 어떻게 살았니?"

아기천사 같은 얼굴을 한 노수녀님에게서 마법 같은 힘이 흘러나왔다. 그렇게 따뜻하고 편안할 수가 없었다. 그 한 마디에 오래 떨어져 있던 엄마를 만난 아이처럼 힘들었던 일들만 엮어서 응석부리듯 긴 이야기를 늘어놓았다. 조용히 듣고 난 수녀님이 또 물어보셨다.

_"유니, 정말 힘들었겠구나. 그래, 지금은 어떠니?"

수녀님이 내게 건네신 'where are you?'라는 문장 그대로 받아들였다. 인생의 어디쯤에 있냐는 질문에 나는 순간 눈물부터 쏟아졌다. 당시에 한국을 떠난 지 3년이 다 돼가도록 다시 한국에 돌아와 살 자신이 없어서 괴로워하고 있었기 때문이다.

_"저, 사실, 길을 잃었어요."

수녀님은 눈물이 뚝뚝 떨어지는 내 손을 말없이 잡아주셨다. 그리고는 돌아가서 할 수 있는 한 침묵수행을 해 보라고 권해주셨다. 말을 줄이고 고요히 지내다 보면 마음속에서 어떤 소리가 들릴 거라고 알려주셨다. 자기 마음을 들여다보는 방법을 알려주신 것이다. 나는 수녀님의 말대로 말수를 줄이고 최대한 고요하게 생활했고 일주일쯤 되었을 때, 마음속에서 들려오는 어떤 소리를 들을 수 있었다. 삶에 대한 잡다한 호기심과 욕망 그리고 습관이 된 불안감들 잠재우고 나자 마음속 가장 밑바닥에 눌려 있던 진심이 기지개를 켜는 소리 같았다. 가야 할 길이 보였기에 그 길로 3년 가까이 방황하던 외국 생활을 마치고 한국으로 돌아올 수 있었다. 새 삶을 시작할 수 있도록 마음을 알아봐 준 수녀님에게 감사한다.

인생의 빛

다분히 주관적인 경험에 의한 것이지만, 하던 일에 지쳐 그만 두고 싶거나 다른 길을 찾고 싶을 때, 혹은 무엇을 해야 할지 모를 때 오히려 생각과 말을 멈추어 보길 바란다. 자신이 살아온 진실한 자아가 앞으로 살고 싶은 날들로 길을 안내해 줄 것이다.

그리고 그것이 꼭 종교적인 체험이라고만 오해하지 않기를 바란다. 그날 수녀님들은 당신들 사이에서조차 그 누구도 모국어를 쓰지 않고 영어만 사용하셨다. 오직 나 한 사람을 위한 배려였다. 내게 종교나 정치적 견해에 대해서도 묻지 않았다. 그저 평생 세계를 다니며 가난한 이들을 위해 봉사한 노수녀님들에 대한 내 존경과 친구가 되고 싶은 마음에 진심으로 응해주셨을 뿐이다. 세상에 많은 종교적 신념과 교리가 있지만, 그날 수녀님들은 내게 종교의 의미를 깨닫게 해 주었다. 마지막으로 헤어지며 수녀님들이 주신 친필 카드를 볼 때마다 점점 더 분명하게 되새겨진다. 누가 되었든 스스로 새 삶을 살도록 진심으로 돕고 함께 행복해 하는 것, 내게 종교는 그 이상의 어떤 것도 아닌 것이 되었다.

쌍무지개 뜨던 나의 집 – 위니펙, 아틀란트 거리의 이층집에서

나는 캐나다 시절의 반을 단독주택 이층에 세 들어 살았다. 내 방은 벽의 3분의 2를 차지할 만큼 창이 컸는데 큰길가 쪽으로 나 있어서 창문 바로 앞의 가로수가 벽화처럼 창을 한가득 메우고 있었다. 아침이면, 눈 뜰 때마다, 나뭇가지를 타고 창틀에 내려와 있던 다람쥐와 눈이 마주친 적도 많았다. 볼 때마다 친해보려고 온갖 애교를 부리며 '굿모닝~' 하고 인사했지만, 다람쥐는 늘 무심히 나뭇가지를 타고 다시 올라가 버렸다. 그래도 다람쥐는 창가에 도토리가 있는 것도 아닌데 거의 매일 아침 나를 찾아와 주었다.

그렇게 사랑스러운 다람쥐와 아침인사를 나누고 나면 자다 일어난 부스스한 머리 그대로 이층에서 내려와 가로수길에 떨어져 있는 사과를 주워서 그냥 잠옷바지에 쓱쓱 닦아

먹으면 그것으로 훌륭한 아침식사가 되었다. 들어오는 길에 길 건너 잔디밭 마당에서 소꿉장난하고 있는 이웃집 아이들과 아침인사를 나누면 하루 동안 채워야 할 행복이 이미 다 채워진 것만 같았다.

캐나다는 집집마다 앞마당과 뒷마당이 있는데 나란히 집과 집 사이를 구분하는 울타리들이 낮다. 높이가 허리춤까지밖에 안 돼서 거의 다 들여다보인다. 집에서 내다보기만 하면 옆집 아이들, 앞집 아이들 소닥소닥 노는 장면이 다 보인다. 가까운 곳뿐만이 아니다. 다운타운을 제외하고는 대부분의 주거지들이 이층짜리 목조주택으로 질서정연하게 구역화되어 있어서 이층에 보면, 아주 먼 곳까지 막힘없이 내다볼 수 있다. 높은 빌딩도 없고 지평선 지형이라 시야를 가로막는 산도 없다. 나지막한 마을 위에 끝없이 펼쳐진 하늘이 그렇게 자유롭고 평화로울 수가 없었다. 그 넓은 하늘이 저녁노을로 묘하게 물든 광경을 볼 때면 지구상의 천국에 있는 것만 같았다.

내가 살던 집은 그렇게 천국같이 아름답고 사랑스러운 곳이었다. 한 날은 거짓말처럼 집 바로 앞에 쌍무지개가 뜬 적도 있다. 저녁식사를 마치고 부엌에서 설거지를 하고 있었는데 부엌 창 밖에 쌍무지개가 떴던 것이다. 아주 운 좋은 경우를 제외하고는 대부분 동화책에서나 볼 수 있는 무지개가, 그것도 쌍무지개가 그 넓은 땅 중에서도 내 눈 앞에 스르르 나타나다니, 무지개가 일부러 나를 찾아온 것 같았다. 무지개를 발견하자마자 나는 그 집에서 같이 살던 한국동생들과 함께 소리를 지르며 달려 나갔다. 햇살과 함께 나리는 빗줄기를 맞으며 우리는 쌍무지개 앞에서 춤을 추듯 뛰었다. 캐나다 사람들에게는 자주 있는 일이겠지만, 우리에겐 난생 처음이었다. 아마 그 날, 동네 사람들에게는 쌍무지개보다 우리가 더 볼 만한 구경거리였을 것이다.

나는 그 날, 나를 찾아와 준 자연을 만나는 기분이 어떤 것인지를 체험했다. 그것은 사람에게서 받는 것과는 다른 더 큰 차원의 에너지와 감동이었다. 사람의 언어로 다 표현할 수 없는 환희이고 경이로움이었다. 햇살과 비와 무지개와 함께 소리쳤던 그 날 이후 신

인생의 빛

기하게도 나는 한국에서부터 끌고 다녔던 오래 묵은 마음의 병이 나았다. 떠오르면 슬퍼지고 화가 났던 기억들이 아무리 들여다보아도 아무렇지 않았다. 가족도 친구도 이해하지 못했던 내 마음을 치유해 준 캐나다의 쌍무지개, 지금도 생각하면 벅찬 눈물이 난다. 그것은 나를 다 아는, 내가 다 알 수 없는 그 어떤 위대한 우주의 마음, 사랑이었다. 그 신비한 치유의 힘을 사랑이라는 말 외에 그 무엇으로 표현할 수 있는지 나는 아직 잘 모르겠다.

귀국 후, 한동안, 오리역 사거리에 있는 오피스텔에서 살게 되었다. 오리역은 주변의 서울행 전 노선의 광역버스들이 오가는 곳이라 항상 매연과 분진, 소음이 끊이지 않는 곳이다. 게다가 오피스텔이라는 게 손바닥만한 창문 하나 달랑 나 있고 특히, 혼자 사는 여자들에게는 위험한 경우도 많아서 살기에 편하지만은 않은 곳이다. 물론 오피스텔의 편리함들이 있고 사람마다 선호도가 다르지만, 당시 캐나다의 그 집을 막 떠나온 내게는 너무 삭막하게 느껴졌다. 창문 가득 나무도 없고, 다람쥐도 찾아오지 않고, 무지개는 더더욱 볼 수 없어서 혼자 우는 날이 많았다. 그제야 깨달은 것인데 나는 아마 캐나다에서 자연과 사랑을 했던 것 같다. 자연이 그렇게 그리운 것인 줄 그 전에는 몰랐다. 자연 없이 사는 게 그렇게 사무치게 외로운 것인 줄 도시에서만 살 때는 전혀 알 수가 없었다.

그래도 그렇게 울던 날 위해 창에 다람쥐를 그려주겠다던 맘씨 고운 친구가 같은 오피스텔에 살아서, 그곳에서 살던 시절을 잘 견뎌낼 수 있었지만, 지금도 내 영혼은 그토록 아름답던 캐나다의 그 집에서 여전히 살고 있다. 그리고 내 영혼의 친구들, 창 밖 나무, 다람쥐, 저녁노을, 쌍무지개, 알래스카에서부터 불어오던 시원한 바람이 매일 아침 내 마음 속에서 나와 함께 눈을 뜬다.

인생의 빛

저자소개

최서윤
- 고려대학교교육학박사(Ph. D. 생태교육철학)
- 고려대학교 사범대학 교육학과 외래교수
- 생태교육연구소대표
- fwchj@hanmail.net

주요논문 및 저서
- '생태학적 관점에서의 현대기술론과 인간교육론에 관한 비판적 고찰'(2007)
- '동학의 생태적 교육철학에 관한 연구'(2008)
- 「참교육을 위한 전국학부모회 20년사」(2009)
- 「학교폭력원인에 대한 교육철학적 규명」(2015)

인생의 빛 – 사랑에는 일반적 기준이 없다

초판인쇄	2015년 9월 25일
초판발행	2015년 9월 30일
지은이	최서윤
펴낸이	안상준
편 집	전채린
기획/마케팅	서원주
표지디자인	홍실비아
제 작	우인도·고철민
펴낸곳	㈜ 박영story
	서울특별시 마포구 월드컵북로 400, 5층 2호(상암동, 문화콘텐츠센터)
	등록 2014. 2. 12. 제2014-000009호
전 화	02)733-6771
f a x	02)736-4818
e-mail	pys@pybook.co.kr
homepage	www.pybook.co.kr
ISBN	979-11-85754-38-3 03370

정 가   15,000원

박영스토리는 박영사와 함께하는 브랜드입니다.